Anton Sauer

Über Aöden und Rhapsoden

Eine literatur-historische Studie

Anton Sauer

Über Aöden und Rhapsoden
Eine literatur-historische Studie

ISBN/EAN: 9783744697521

Hergestellt in Europa, USA, Kanada, Australien, Japan

Cover: Foto ©ninafisch / pixelio.de

Weitere Bücher finden Sie auf **www.hansebooks.com**

JAHRES-BERICHT

des kais. kön.

Ober-Gymnasiums zu den Schotten

in Wien.

am Schlusse des Schuljahres 1891

veröffentlicht

von dem Director desselben.

Inhalt:

Wien 1891.

Verlag des k. k. Ober-Gymnasiums zu den Schotten.

Druck von Chr. Reisser & M. Werthner.

ÜBER

AÖDEN UND RHAPSODEN.

Eine literatur-historische Studie.

Von

ANTON SAUER

(geistlich).

Vorwort.

> Immer zerreißet den Kranz des Homer und zählet die Völker
> Des vollendeten ewigen Werkes!
> Hat es doch eine Mutter nur und die Züge der Mutter,
> Deine unsterblichen Züge, Natur!
>
> Schiller.

Mit diesen Worten gibt unser Dichterfürst seinen Unwillen kund, als Herr Aug. Wolf in seinem epochemachenden »prolegomena ad Homerum« den beiden Epen des Homer, der Ilias und Odyssee, den Charakter einer einheitlichen Dichtung absprach und behauptete, dass jedes derselben das Werk mehrerer Sänger bilde, und dass die miteinander ursprünglich unverbundenen Gesänge erst viele Jahrhunderte später wahrscheinlich von den gelehrten Freunden des Peisistratos zu einem einheitlichen Ganzen zusammengefügt worden seien. Diese kühne Hypothese Wolfs rief nicht bloß in den philologischen Kreisen, sondern in der gesammten literarischen Welt Deutschlands eine mächtige Aufregung hervor. Hatte doch keine andere Schöpfung der griechischen Poesie je so allgemeine Anerkennung und Bewunderung nicht nur bei den Griechen, sondern bei allen Völkern des Abendlandes gefunden als gerade die Ilias und Odyssee.

Die religiös-sittlichen Ideen, die in diesen Epen ausgesprochen, die Ansichten, welche darin über die Götter sowohl über ihr gegenseitiges Verhältnis als auch über ihre Beziehungen zum Menschenleben entwickelt sind, hatten so festen Boden im griechischen Volke gewonnen, dass alle Bemühungen selbst der bedeutendsten Philosophen[1]) lange Zeit hindurch sich erfolglos erwiesen, den Glauben desselben an die ihm liebgewordenen Götter zu erschüttern.

---

[1]) Besonders heftig eiferte gegen Homer wie auch gegen Hesiodos der Gründer der eleatischen Schule, Xenophanes. Berühmt sind dessen Verse (Fr. 7 bei Sextus adv. Phys. 1, 193 advers. Gramm. 289):

> πάντα θεοῖς ἀνέθηκαν Ὅμηρος θ' Ἡσίοδός τε,
> ὅσσα παρ' ἀνθρώποισιν ὀνείδεα καὶ ψόγος ἐστίν·
> κλέπτειν μοιχεύειν τε καὶ ἀλλήλους ἀπατεύειν· und
> ὡς πλεῖστ' ἐφθέγξαντο θεῶν ἀθεμίστια ἔργα.

Schon Herodot,[2]) der Vater der Geschichte, hatte die große Bedeutung des Dichters für die griechische Götterlehre mit den Worten gewürdigt: οὗτοι δέ εἰσιν (Ἡσίοδος καὶ Ὅμηρος) οἱ ποιήσαντες θεογονίην Ἕλλησι.

Auch fast die gesammte griechische Literatur stützte sich bald in höherem, bald in geringerem Grade auf die unsterblichen Epen des Dichterheros. Aischylos,[3]) der älteste von dem hellen Dreigestirn am tragischen Himmel Griechenlands, gestand unumwunden ein, dass seine Tragödien nur Brocken von der reich besetzten Tafel Homers seien.

Daher darf es nicht wundernehmen, wenn die Griechen, geleitet von der Ansicht, »dass nur das Beste für die Jugend gut sei,« ihrem Jugendunterrichte die Homerischen Gesänge zugrunde gelegt haben. Homer bildete das α und das ω der griechischen Erziehung. Platon[4]) und mit ihm viele andere überliefern uns an nicht wenigen Stellen, dass die Knaben in der Schule angehalten wurden, vor allem die Gesänge Homers auswendig zu lernen, damit sie nicht bloß die Helden aus der Vorzeit und deren Vorzüge kennen lernen, sondern damit sie auch denselben nacheifern und ihnen ähnlich zu werden trachten.

Allein nicht bloß bei den Griechen, sondern bei allen Culturvölkern bis auf unsere Zeit herauf galten die Homerischen Gesänge stets als die herrlichste Schöpfung der Poesie. Lessing[5]) nahm mit Vorliebe bei der Bestimmung der Grenzen zwischen Malerei und Poesie seine Beispiele aus Homer. Sowohl Goethe[6]) als Schiller konnten nicht genug die Schönheiten und Vorzüge der beiden Epen bewundern und preisen.

Entsprechend der hohen Bedeutung, welche man diesen Gesängen zu allen Zeiten einräumte, wurde die Lectüre Homers beim griechischen Unterrichte mit Recht in den Vordergrund gerückt. Sind ja dessen beide Epen, welche in der Kindheit des griechischen Volkes entstanden sind, wegen ihrer einfachen und schlichten Darstellungsweise,

---

[2]) II, 53. — [3]) Athen. VII, p. 347, e. — [4]) de rep. X, p. 606, Protag., p. 339. — [5]) Laokoon XIII, XVI, XVIII, XXII. — [6]) Hermann und Dorothea 6. (Elegie): »Wer wagte mit Göttern den Kampf und wer mit dem Einen? Doch Homeride zu sein, auch nur als letzter, ist schön.« Von den vielen Äußerungen über die Vorzüge der Homerischen Epen, die sich in dem Briefwechsel zwischen Goethe und Schiller zerstreut finden, will ich nur auf zwei Stellen hinweisen. Im 421. Briefe schreibt Goethe an Schiller von der Odyssee: »Ich gestehe, dass es mir aufhörte, ein Gedicht zu sein, es schien die Natur selbst«, und im 451. Brief äußert sich Schiller über seine Homerlectüre folgendermaßen: »Man schwimmt ordentlich in einem poetischen Meer; aus dieser Stimmung fällt man auch in keinem einzigen Punkte, und alles ist Ideal bei der sinnlichsten Wahrheit. Die herrliche Continuität und Reciprocität des Ganzen und seiner Theile ist eine seiner wirksamsten Schönheiten.«

sowie wegen der Schönheit ihrer leicht verständlichen Bilder besonders geeignet, die Herzen der Jugend zu ergötzen und sie für das Gute und Edle zu begeistern. Dabei darf nicht übersehen werden, dass zur rechten Würdigung und zum richtigen Verständnis fast aller Erscheinungen auf dem Gebiete der griechischen Literatur eine genaue Bekanntschaft der beiden Epen vorausgesetzt wird: denn das ganze Geistesleben der Griechen ist so innig mit den Anschauungen Homers verwachsen, dass es uns ohne Kenntnis derselben gänzlich verschlossen bleiben möchte.

Und diese Epen, welche als die kostbarsten Perlen in der Poesie angesehen werden, sollten bloß ein Conglomerat von Liedern sein, die ihre Entstehung völlig unbekannten Sängern verdanken? Doch die von Wolf vorgebrachten Argumente, einerseits die Widersprüche und die Mängel in der Composition, andererseits der Nichtgebrauch der Schrift in der Homerischen Zeit, ließen sich nicht leicht widerlegen. Offenbar gibt es in den beiden Epen Partien bald von größerem, bald von geringerem Umfange, welche durchaus nicht mit der Einheit des Planes in Einklang gebracht werden können.

Wenn auch in unseren Tagen die Wolf'sche Ansicht über die Entstehung der Homerischen Gesänge schwerlich mehr einen ernstlichen Vertheidiger findet, so lässt sich doch nicht in Abrede stellen, dass die Ilias und Odyssee durch manche nicht vom Dichter herrührende Lieder erweitert wurden. Diese allerdings fremden Bestandtheile dürften dann bei der Redaction unter Peisistratos eben auch als Homerisch mit in das Epos aufgenommen worden sein. Derartige Erweiterungen und Zusätze hängen mit der Überlieferung der Gesänge in der ältesten Zeit innig zusammen.

Wohl manchem Schüler wird bei der Lectüre seines Homer sich schon die Frage aufgedrängt haben, wie denn ein Werk von so bedeutendem Umfange so rasch Gemeingut aller Griechen zu einer Zeit werden konnte, wo die Schrift noch gänzlich unbekannt war,[7]) oder wenn sie zwar auch schon, wie einige gelehrte Forscher [8]) auf diesem Gebiete behaupten, Eingang gefunden hatte, doch in ihrer Anwendung ohne Zweifel derart beschränkt blieb, dass unmöglich auf diesem Wege die Homerischen Gesänge in Griechenland hätten verbreitet werden können. Wenn also durch die Schrift die Erhaltung und Verbreitung so um-

---

[7]) Wolf, Proleg. LXVI. H. Bonitz, S. 19. »Ilias und Odyssee sind ursprünglich nicht schriftlich aufgezeichnet gewesen, sondern nur mündlich vorgetragen worden. Dieser Satz ist, seit F. A. Wolf ihn begründet, durch jeden dagegen gerichteten Angriff nur zur größeren Festigkeit gelangt.« — [8]) Nutzhorn S. 98, Bergk S. 526 ff., Wilamowitz Homer. Untersuchungen S. 293.

fangreicher Epen in der Homerischen Zeit ausgeschlossen war. so blieb nur der Weg der mündlichen Überlieferung übrig. Diese mündliche Überlieferung besorgten zuerst die Sänger, bei Homer Aöden genannt, später die Rhapsoden.

Da eine genaue und sichere Kenntnis der Aöden und Rhapsoden die Untersuchung über die Entstehung der Homerischen Gesänge nicht unwesentlich fördern musste, so war es etwas Selbstverständliches, dass seit Wolf das Wirken derselben vielfach Gegenstand des Studiums wurde. Trotzdem ist es bisher noch nicht gelungen, in allen Punkten ein über jeden Zweifel stehendes Resultat zu erzielen. So herrschen über den Einfluss, welchen die Aöden auf die Entwicklung der epischen Poesie genommen, die verschiedenartigsten Ansichten. Hier kommt es wohl vor allem darauf an, aus der genauen Vergleichung der Lieder, welche die in der Odyssee auftretenden Aöden sangen, zu bestimmen, bis zu welcher Entwicklungsstufe das Epos durch die Thätigkeit der Aöden gelangt sei. Bei der Beurtheilung der Rhapsoden in der Zeit Platons wird größtentheils nur die Declamation der Homerischen Gesänge berücksichtigt, während die Stellung derselben in der damaligen literarischen Welt gar nicht oder nur in höchst dürftiger Weise zur Sprache kommt.

Schon diese wenigen Bemerkungen zeigen, dass die Leistungen auf diesem Gebiete, so erfreulich und anerkennenswert sie auch seien, doch manche Lücken aufweisen, die wenigstens theilweise auszufüllen der Zukunft noch vorbehalten ist. Eine vollständige und sichere Kenntnis über das Wirken der Aöden sowie der Rhapsoden wird infolge der spärlich fließenden Quellen des Alterthums gerade über diesen Gegenstand wohl kaum jemals gewonnen werden.

In welcher Beziehung nun einerseits die Aöden, anderseits die Rhapsoden zu den Homerischen Gesängen standen, welchen Einfluss sie durch ihre Thätigkeit im Kreise ihrer Mitbürger sich zu erringen wussten, das soll den Gegenstand der vorliegenden Abhandlung bilden.

Quellen.

Unendlich groß ist die Anzahl der Werke, in welchen diese Frage seit dem Erscheinen der Wolfschen Prolegomena bald in ausführlicherer, bald in kürzerer Weise Gegenstand der Untersuchung geworden war. Von den benützten Schriften seien hier folgende erwähnt:

Dresigii commentatio critica de rhapsodis. Lipsiae 1731.

Dr. Bernhardt Thiersch, Über das Zeitalter und Vaterland des Homer. Halberstadt 1832.

Lauer, Geschichte der Homerischen Poesie. Berlin 1851.

Hoffmann Em., Homeros und die Homeridensage von Chios. Wien 1856.
Dr. G. H. Bode, Geschichte der epischen Dichtkunst der Hellenen. Leipzig 1838.
Nitsch G. W., Beiträge zur Geschichte der epischen Poesie der Griechen. Leipzig 1862.
F. Nutzhorn, Die Entstehungsweise der Homerischen Gedichte. Leipzig 1869.
Jordan W., Das Kunstgesetz Homers und die Rhapsodik. Frankfurt a. M. 1869.
Theodor Bergk, Griechische Literaturgeschichte. I. Berlin 1872.
Richard Volkmann, Geschichte und Kritik der Wolfschen Prolegomena zu Homer. Leipzig 1874.
G. Bernhardy, Grundriss der griechischen Literatur. I. Th. Halle 1876.
F. G. Welcker, Kleine Schriften. II. Aöden und Improvisatoren. Bonn 1845.
F. G. Welcker. Der epische Cyklus. I. Th. 2. Aufl. Bonn 1865.
B. Niese, Die Entwicklung der Homerischen Poesie. Berlin 1882.
Bonitz, Über den Ursprung der Homerischen Gedichte. Wien 1881.
Dr. Adam, Die Aristotelische Theorie vom Epos nach ihrer Entwicklung bei Griechen und Römern. Wiesbaden 1889.
W. Christ, Geschichte der griechischen Literatur. München 1890.

I. Aöden.

1. Das Epos und die Aöden im allgemeinen.

Dunkel umhüllt die ersten Anfänge der hellenischen Poesie: soweit man aus der trümmerhaften Überlieferung und aus einzelnen Stellen Homers einen Schluss ziehen darf, scheint die Poesie in den ältesten Zeiten, wie bei den meisten Völkern, so auch bei den Griechen den Zwecken des religiösen Cultus gedient zu haben. Da die alten Griechen von dem Glauben mächtig durchdrungen waren, dass es in der Macht ihrer Götter liege, die Geschicke nicht nur des einzelnen Menschen, sondern ganzer Völker zu bestimmen, gieng ihr Streben vor allem dahin, die Gunst und das Wohlwollen derselben auf die verschiedenartigste Weise zu gewinnen.

So wurden bei den einzelnen Festen Lieder von mannigfachem Inhalte gesungen: bald wurden die ruhmvollen Thaten der Götter gepriesen, bald wurde deren Schutz und Hilfe bei drohender Gefahr angefleht und nach Abwendung derselben diejenige Gottheit verherrlicht, deren schützender Hand die Bürger sich anvertraut hatten, oder es wurden am Altare bei Darbringung der Opfer die Götter angerufen mit der Bitte, an dem Feste theilzunehmen und die Opfergaben nicht zu verschmähen. In der Regel scheinen derartige Lieder unter musikalischer Begleitung gesungen worden zu sein.

Spuren solcher Lieder religiösen Inhaltes finden wir noch bei Homer. In der Ilias,[1]) wo der Dichter beschreibt, wie Hephaistos mit künstlerischer Hand die von Thetis für ihren Sohn erbetenen Waffen verfertigt, geschieht eines Weinlesefestes Erwähnung. Wir hören dort, dass ein Knabe in der Mitte der fröhlichen Schar unter Begleitung der hellklingenden Phorminx ein Linoslied singt, in welches die rings um ihn tanzenden Winzer freudig miteinstimmen. Die Klagelieder bei der Leichenfeier, welche eigene zu diesem Zwecke bestellte Sänger vortrugen, dürften ebenfalls mit dem religiösen Cultus in engem Zusammenhange gestanden sein. So berichtet

[1]) Σ 569 ff.

Homer,[2]) dass Priamos bei der Bestattung des Hektor Sänger herbeigerufen habe, welche den Trauergesang anstimmten. Aber auch Andromache, Hekuba und Helena, welche schluchzend vor der Bahre standen, klagten laut über den unersetzlichen Verlust des tapferen Helden. Doch während die in Thränen aufgelösten Frauen in ihren Klageliedern unmittelbar auf den Todten Rücksicht nahmen, insofern sie, jede von ihrem Standpunkt aus, die Tugenden entweder des Gatten oder des Sohnes oder des Schwagers priesen, dürfte es hingegen Aufgabe dieser Sänger gewesen sein, bestimmte für diesen Cultus vorgeschriebene Lieder abzusingen.

Lieder religiösen Inhaltes also, in welchen die mannigfachen Beziehungen der Götterwelt zum Menschenleben enthalten waren, werden wir als die ältesten dichterischen Erzeugnisse betrachten können.

Entstehung des Heldenliedes.

Gar bald jedoch scheint die Poesie die engen Grenzen, die ihr anfangs gesteckt wurden, überschritten zu haben. Gerade wie bei der Tragödie statt der Leiden des Dionysos allmählich die Schicksale und Leiden der einzelnen Heldengeschlechter, die sich göttlichen Ursprunges rühmten, dargestellt wurden,[3]) in ähnlicher Weise können wir uns den Übergang von diesen Cultusliedern zu den Heldenliedern vorstellen. Auch hier werden langsam die einzelnen Gottheiten von den mit ihnen verwandten Heroen verdrängt worden sein, so dass den Inhalt dieser Lieder mit der Zeit nicht mehr allein die Thaten der Götter, sondern auch die Thaten der Heroen bildeten.

Die Form aber dürfte noch lange unverändert geblieben sein. Wie nämlich die Cultuslieder ihres Zweckes wegen nicht von beträchtlichem Umfange sein konnten, so werden wir uns auch die ersten Heldenlieder nur kurz zu denken haben. Wenn Homer erzählt,[4]) dass Achilleus, den Achäern grollend, sich vom Kampfe ferngehalten und in seinem Zelte unter Begleitung der Zither, welche er bei der Eroberung der Stadt des Eetion erbeutet hatte, κλέα ἀνδρῶν gesungen habe, so dürfte wahrscheinlich unter »κλέα ἀνδρῶν« nichts anderes als derartige kurze Heldenlieder zu verstehen sein.

Ausbildung desselben.

Wie das Bäumchen im Laufe der Zeit bei einer sorgsamen Pflege zu einem mächtigen und vielästigen Baume heranzuwachsen pflegt, so wurden auch diese einzelnen Heldenlieder durch die Kunst des Sängers zu umfangreichen Dichtungen umgestaltet, ohne dass jedoch dabei trotz ihrer reichlichen Abwechslung im Inhalte der ein-

---

[2]) Ω 720 ff. — [3]) Herodot V, 67 — [4]) I 186 ff.

heitliche Gedanke, welcher die einzelnen Theile verbindet, verloren gegangen zu sein scheint; denn die vielen eingestreuten Episoden schließen sich gleichsam wie Äste an den Hauptgedanken, der die ganze Dichtung durchzieht. Ihren Höhepunkt erreicht diese poetische Erzählung in den beiden großen Epen, der Ilias und Odyssee.

In welcher Weise allmählich die Ausbildung vor sich gegangen ist, darüber lassen sich bloß Vermuthungen aufstellen, keineswegs aber kann man bestimmte Beweise über die Art der Entstehung anführen; denn selbst die letzten Gesänge, die Ilias und Odyssee, welche sich kraft ihrer Vortrefflichkeit wirklich erhalten haben, treten nur wie einzelne helle Gestalten aus der Nacht des Alterthums hervor.[5])

Die Sänger.

Während aber früher der Vortrag der kleinen Heldenlieder mit Begleitung der Zither keine großen Schwierigkeiten verursachte, so dass selbst Achilleus während der Zeit, wo er unthätig im Zelte weilte, solche κλέα ἀνδρῶν sang, bedurfte jetzt der Vortrag dieser umfangreichen Heldenlieder eine lange Übung. Nicht jedem stand die dazu erforderliche Zeit zugebote, nicht jedermann besaß ein so starkes Gedächtnis, um wortgetreu die langen Epopöen zum Vortrage bringen zu können.

Die ersten Verfasser solcher umfangreichen Epen trugen ohne Zweifel ihre Erzeugnisse selbst vor,[6]) gerade sowie nach der Überlieferung des Alterthums[7]) die ersten Tragödiendichter auch zugleich Schauspieler gewesen waren. Die poetischen Erzählungen, welche bei den Zuhörern sowohl wegen der glücklichen Auswahl des Stoffes als auch wegen der Schönheit der Form einer besonderen Gunst sich erfreuten, werden außer den eigentlichen Dichtern wohl bald auch andere, welche selber dichterische Werke zu schaffen nicht imstande waren, ihrem Gedächtnisse eingeprägt haben, um durch das Absingen derselben Lob und Beifall bei ihrem Zuhörerkreise zu ernten.

Homer nennt nun alle diejenigen, welche sich mit dem Vortrage dieser Heldenlieder befassten, Sänger (ἀοιδοί) ohne Unterschied, ob sie, von der Muse angetrieben, selbst derartige Lieder dichteten und vortrugen, oder ob sie bloß mit den Schöpfungen anderer ihre Zuhörer ergötzten, ohne für ihre Person auf dichterischen Ruhm je Anspruch zu erheben.

[5]) Fr. v. Schlegel, Studien des classischen Alterthums S. 9. — [6]) Gewiss auch aus diesem Grunde nennt *Platon de rep.* X, 600 Homer selbst einen Rhapsoden. — [7]) Aristoteles Rhet. III, 1. *ὑπεκρίνοντο γὰρ αὐτοὶ τὰς τραγῳδίας οἱ ποιηταὶ τὸ πρῶτον.*

2. Die Vortragsweise der Aöden.

Keine Veränderung im Vortrage.

Während aus den kurzen Heldenliedern, welche sowohl ihrer Form als auch ihrem Umfange nach mit den alten Cultusliedern auf fast gleicher Stufe zu stehen scheinen, im Laufe der Zeit umfangreiche Epen geschaffen wurden, Werke, welche einerseits durch die Schönheit ihrer Form, andererseits durch ihren reichen Inhalt auf die hohe Blüte der epischen Poesie in damaliger Zeit schließen lassen, war in dem mündlichen Vortrage nicht die geringste Veränderung eingetreten. Gerade sowie Achilleus seine κλέα ἀνδρῶν unter Begleitung der Zither sang, so **bedienten sich auch die Aöden in der Homerischen Zeit des Gesanges und der Zither bei ihrem Vortrage.**

Gesang.

Überhaupt war der älteren Zeit eine bloße Recitation der Dichtung fremd. Der Gesang stand mit dem dichterischen Vortrage in so innigem Zusammenhange, dass von dieser Vortragsweise der Dichter selbst, der anfangs zugleich auch der Vortragende war, ἀοιδός und seine dichterischen Schöpfungen ἀοιδή genannt wurden. Singen und Dichten waren vollkommen identische Begriffe.

Musikalische Begleitung.

Dem Gesange aber durfte die musikalische Begleitung mit der Zither nicht fehlen. Daher finden wir bei Homer die beiden Begriffe κίθαρις καὶ ἀοιδή so oft miteinander verbunden. Der Aöde ließ nicht nur sein Lied, sondern auch die Klänge seines Saiteninstrumentes durch die weiten Räume des Männersaales ertönen.

Name des Saiteninstrumentes.

Dieses Saiteninstrument führt bei Homer einen doppelten Namen. Bald wird es φόρμιγξ, bald κίθαρις genannt. Die ältere Bezeichnung dürfte ohne Zweifel die erstere gewesen sein. Das können wir aus dem Umstande schließen, dass das Wort φόρμιγξ nur in der Poesie Anwendung gefunden hat, der Prosa aber fremd geblieben ist.[8])

Beschreibung desselben.

Wie der Musiker Aristoxenos ausdrücklich[9]) versichert, soll die Homerische Phorminx in Form und Einrichtung mit dem griechischen Nationalinstrumente, welches den Namen λύρα führt, fast vollkommen übereingestimmt haben. Der einzige Unterschied bestand darin, dass die Phorminx im Gegensatze zu der seit Terpandros mit sieben Saiten bespannten Lyra bloß mit vier Saiten bespannt war. Außerdem scheint auch das Plektron, mit welchem die Lyra regelmäßig gespielt wurde, in der Homerischen Zeit noch nicht im Gebrauche gewesen zu sein.

Von der Lyra nun, mit welcher die Phorminx ganz gleiche Gestalt hat, gibt Baumeister[10]) folgende Beschrei-

---

[8]) Bergk. S. 432 A. 25. — [9]) Müller, fragm. historicorum Graecorum unter Aristoxenos fragm. 63. — [10]) Denkmäler des classischen Alterthums. Antike Saiteninstrumente S. 1539.

bung: »Den Boden des Schallgehäuses bildete entweder die Schale einer Schildkröte oder eine mit Schildpatt belegte hölzerne Mulde. Die Decke des Gehäuses bestand aus einer Membrane (Hymn. v. 49). In diesem Gehäuse steckten zwei Stäbe (πήχεις), in späterer Zeit wohl die Hörner eines Steinbockes (daher auch κέρατα genannt); diese wurden an ihrem Ende durch ein Querjoch (ζυγόν[11]) verbunden. Sieben (bei Homer vier) Saiten aus Schafdarm waren unten in einem Saitenhalter aus Rohr oder Horn eingeknüpft und liefen über den Steg (μαγάς) hinweg zu den Seitenstäben oder Hörnern hinauf an den Jochstab.« Diese Phorminx wurde vom Sänger an einem Bande über der Schulter getragen. Darauf nimmt auch Hesychios bei der Erklärung des Wortes Rücksicht, indem φόρμιγξ bei ihm soviel bedeutet als ἡ τοῖς ὤμοις φερομένη.

Gewöhnlich trat der Sänger mit der Phorminx in den Männersaal, wo sich die Fürsten zum Festmahl vereinigt hatten. Hier war bereits ein eigener Platz unter den Gästen für ihn bestimmt. Oberhalb seines Sitzes pflegte er die Phorminx aufzuhängen. Wenn die Gäste an Speise und Trank sich gesättigt hatten und sie die Lust anwandelte, den Sänger zu hören, richteten sie an ihn die Aufforderung, durch den Vortrag seiner epischen Lieder zur Verherrlichung des Festes beizutragen. Derselbe nahm nun das Saiteninstrument von der Wand, schlug kräftig in die Saiten, und nachdem er sich etwas gesammelt hatte, begann er eines seiner Lieder zu singen, ohne dass aber dabei die φόρμιγξ verstummte. Freilich muss man voraussetzen, dass beim Gesange das Saitenspiel mehr in den Hintergrund trat, vielleicht nur dazu bestimmt, den Sänger durch das Anschlagen einzelner Accorde im Festhalten des richtigen Tones zu unterstützen.

Da aber die Lieder meistentheils von so großem Umfange waren, dass die Stimme des Sängers nicht ausreichte, den Vortrag derselben ohne Unterbrechung bis zu Ende zu führen, so setzte er, wo der Sinn eine kleine Pause gestattete, mit dem Gesange ab, theils damit er die durch den Vortrag bereits geschwächte Stimme wieder kräftige, theils damit er Zeit gewinne, die Reihenfolge der Gedanken des folgenden Theiles seinem Gedächtnisse in Erinnerung zu bringen.

Einige Gelehrte der neueren Zeit scheinen mir daher mit ihrer Annahme zu irren, dass die Sänger aus dem Stegreif dichteten und die Ruhepunkte benützten, um nach-

[11]) Nach Ilias J 187 ist die Phorminx des Achilleus mit einem silbernen ζυγόν geziert.

zusinnen. Für diese Ansicht,[12] dass die Aöden Improvisatoren gewesen seien, kann man unmöglich die Stelle der Odyssee[13]) als Beweis anführen, wo Odysseus den Sänger Demodokos auffordert, vom hölzernen Rosse zu singen. Denn selbst angenommen, Odysseus hätte wirklich nicht gewusst, welchen Liedern des berühmten Sängers in der Regel die Tafelrunde des Alkinoos mit gespannter Aufmerksamkeit zu lauschen pflegte, so lag für ihn doch aus dem Inhalte des ersten Liedes, welches den Streit der hervorragendsten Helden des Achilleus und des Odysseus besingt,[14]) die Vermuthung ziemlich nahe, die Lieder dieses Sängers werden die wichtigsten Partien des trojanischen Krieges zum Gegenstande gehabt haben im Gegensatze zu anderen Aöden, deren Lieder die Heimkehr der griechischen Helden behandelten.

Gliederung des Vortrages.

Am besten also unterscheidet man beim Vortrage der Aöden das Vorspiel auf der Phorminx, den Gesang, welchen die Musik ununterbrochen begleitet, und das Zwischenspiel auf der Phorminx, das die Pausen auszufüllen hat, welche die Sänger bei ihrem Gesange eintreten lassen müssen. Aller Wahrscheinlichkeit nach wird der Sänger beim Vor- und Zwischenspiel mit voller Kraft in die Saiten seines Instrumentes geschlagen haben, um diesem mächtigere Töne zu entlocken als während des Gesanges, wo die Musik demselben untergeordnet ist.

Der Nachweis dieser Gliederung aus der Odyssee.

In dieser Weise ungefähr finden wir bei Homer den Vortrag der Aöden geschildert. In der Odyssee α. 153 ff. erzählt uns der Dichter, dass der Herold dem göttlichen Sänger Phemios die überaus schöne Phorminx überreicht. Dann fährt er fort (v. 155.): ἤ τοι ὁ φορμίζων ἀνεβάλλετο καλὸν ἀείδειν. ἀναβάλλομαι bedeutet eigentlich »sich in die Höhe werfen, zurückwerfen«, was Bergk[15]) ganz richtig dahin auslegt, dass der Sänger, wenn er zu singen anfängt, das Haupt zurückwarf, damit die Stimme klarer und ungehinderter herausströme. Durch dieses Zurückbeugen des Hauptes schickt sich der Sänger zum Vortrage an. Inzwischen aber spielt er bereits auf der Phorminx, so dass dieses Spiel unmittelbar vor dem Gesange als ein Vorspiel bezeichnet werden kann.

An einer anderen Stelle der Odyssee (ϑ 75 ff.) besingt der blinde Sänger Demodokos am Hofe des prachtliebenden

---

[12]) Ernstlich vertheidigt diese Ansicht Heere, Ideen 3. Th. S. 158 ff. Auch Volkmann S. 252 hält die Aöden für lyrische Improvisatoren, welche ihre Lieder je nach Ort und Bedürfnis ihrer Hörer einzurichten wussten. Welcker versuchte in den kleinen Schriften (II, Aöden und Improvisatoren S. 87 ff.) diese Ansicht durch treffliche Argumente zu widerlegen. — [13]) ϑ 492 ff. — [14]) ϑ 75. — [15]) S. 433, A. 28.

Fürsten der Phäaken Alkinoos den Zwist der edelsten Achäerfürsten, des Achilleus und Odysseus. So oft er aber seinen Gesang unterbricht, trocknet Odysseus die Thränen, nimmt den Mantel von seinem Antlitz weg und spendet den Göttern aus dem Doppelbecher Wein, ihnen für die geleistete Hilfe dankend. Desgleichen verhüllt er mit seinem Mantel jedesmal sein Antlitz, wenn der Sänger seinen Gesang wieder beginnt. Aus dieser Stelle ersehen wir, dass des Demodokes Lied ziemlich umfangreich gewesen ist, da er sich genöthigt sah, es zum Behufe des Vortrages in mehrere Abschnitte einzutheilen und bei jedem derselben mit dem Gesange innezuhalten. Die so entstandenen Pausen sucht er wahrscheinlich durch das Saitenspiel auszufüllen. Der Vortrag der Aöden gestaltete sich in der Regel so, dass nach vorausgeschicktem Vorspiel Gesang und Zwischenspiel mit einander abwechseln.

Die Ansicht, dass die Phorminx während des Vortrages nicht in Verwendung kam.

Es bleibt uns jetzt noch übrig, die Ansicht derjenigen näher zu prüfen, welche bei der Vortragsweise der Aöden insoferne eine Änderung eintreten lassen, als sie glauben, dass die Phorminx bloß während des Vor- und Zwischenspieles in Anwendung kommt, hingegen aber während des eigentlichen Vortrages vollständig ruht. Die eine Stelle, welche dafür gewöhnlich als Beweis angeführt wird (α. v. 15) ἤ τοι ὁ φορμίζων ἀνεβάλλετο καλὸν ἀείδειν geht zwar allerdings auf das Vorspiel, ohne aber deshalb, wie Bergk[16]) bemerkt, die musikalische Begleitung beim Gesange auszuschließen. Dagegen scheinen andere Stellen zu zeigen, dass wir uns den Gesang nur in Begleitung des Saiteninstrumentes vorzustellen haben.

Abgesehen von der Stelle der Ilias (I 186 ff.), wo es ausdrücklich heißt, Achilleus habe auf der Phorminx gespielt und dabei die κλέα ἀνδρῶν besungen, können wir aus der Odyssee die Stelle im 8. Gesange (262 ff.) erwähnen. Demodokos tritt in die Mitte der im Reigentanz erfahrenen Jünglinge und besingt das Liebesabenteuer des Ares und der Aphrodite. Die Jünglinge aber führten einen Reigen auf, und Odysseus sieht mit Staunen deren kunstvollem Tanze zu. Wie in der Ilias (Σ 569 ff.) erzählt wird, dass ein Knabe der Phorminx gefällige Töne entlockt und dazu das Linoslied ertönen lässt, während die anderen ringsherum tanzen, ebenso werden wir auch hier annehmen müssen, dass Demodokos in der Mitte der tanzenden Jünglinge sein Lied nicht ohne Begleitung der Phorminx singt. Dass aber der anfangs erwähnte Chortanz während des Gesanges nicht aufhörte,[17]) sondern fortdauerte, scheint der

[16]) p. 433, A. 28. — [17]) Volkmann S. 251: »Dass wir uns den Chortanz während des Demodokos Gesang fortdauernd zu denken haben, wird dadurch wahrscheinlich, dass nach beendigtem Gesange zwei Jünglinge mit Einzelnproductionen auftreten.«

weitere Verlauf der Spiele zu bestätigen. Denn da unmittelbar nach Beendigung des Gesanges (v. 370 f.) zwei der trefflichsten Tänzer Halios und Laodamas vortraten, um ihre kunstvollen Tänze vor den Zuschauern aufzuführen, so würde der Dichter wenig Geschicklichkeit in der Zusammensetzung der Spiele bekundet haben, wenn er die Tanzproductionen durch den Gesang unterbrochen hätte. Dieses Lied aber unterscheidet sich von dem vorigen, welches den Streit der Achäerfürsten behandelt, bloß dadurch, dass es als Stoff eine Scene aus der Götterwelt genommen hat. Es umfasst die Verse 266—320, und es kann ihm die erzählende Form nicht abgesprochen werden. Wenn nun der Aöde die musikalische Begleitung mit dem Vortrage dieses unstreitig epischen Liedes nicht für unvereinbar hält, so liegt für uns kein Grund vor, dass wir bei den übrigen epischen Liedern eine andere Vortragsweise voraussetzen sollen, zumal da nirgends bei Homer irgend eine Andeutung einer derartigen Änderung im Vortrage enthalten ist. Ja, wir finden geradezu das Gegentheil. In der Odyssee (ϑ 537) ersucht Alkinoos den Sänger, die helltönende Phorminx jetzt ruhen zu lassen, und gibt als Grund dafür an, dass nicht alle an diesem Gesange Freude haben. Diese Aufforderung wäre ganz unverständlich, wenn der Sänger beim Gesange nicht auch die Saiten seines Saiteninstrumentes hätte erklingen lassen. Auch der Hymnus auf Hermes (v. 433) weist darauf hin, dass der Sänger sein Lied mit dem Saiteninstrumente begleitet hat. Hieher kann man noch aus der Odyssee (ϑ 488) ziehen, wo Odysseus dem Gesange des Demodokos dadurch seine Anerkennung zollt, dass er ihn einen Schüler der Muse oder des Apollo nennt. Es ist hier durchaus nicht anzunehmen, Demodokos sei, wie als Dichter von der Muse, so als Prophet von Apollo inspiriert, zumal der Sänger weder die Räthsel der Zukunft enthüllt, noch dunkle Aussprüche der Götter deutet, sondern einzig und allein die Leiden der Griechen erzählt, die sie in dem mühevollen Kampfe vor Troja erduldet haben. Wenn wir uns an Ilias (Α 603 und 604) erinnern, wo der Dichter beschreibt, wie die Götter bei ihrem Mahle einerseits an dem Lautenspiele des Apollo, andererseits an dem Wechselgesange der Musen sich erfreuen, so gewinnt die Erklärung Welckers[18]) ziemlich große Wahrscheinlichkeit, dass Odysseus durch dieses Lied nichts anderes besagen wollte, als »man glaube, die Muse selbst, von Apollo begleitet, zu hören, wenn Demodokos singe und seine Phorminx rühre«.

---

[18]) S. 334.

3. Der Vortrag der Homerischen Gesänge in der ältesten Zeit.

Während Homer in seinen Gedichten klar und deutlich ausspricht, dass die Aöden bei festlichen Gelagen sowohl ihre als die Lieder anderer unter steter Begleitung der Phorminx gesungen haben, sind wir über die Vortragsweise seiner eigenen Werke mehr oder weniger auf Vermuthungen angewiesen. Wenn wir der jetzt allgemein herrschenden Ansicht beipflichten, dass Homer in der Ilias, noch mehr aber in der Odyssee die Verhältnisse seiner Zeit sowohl in religiöser als auch in politischer und socialer Beziehung, wenn auch oft in idealisierter Weise dargestellt hat,[19]) so können wir uns der Annahme nicht verschließen, dass das Wirken der Aöden, wie wir dasselbe in der Odyssee geschildert finden, in die Zeit unseres Dichters fällt. Schon der Umstand, dass die Lieder, die sie zum Vortrage brachten, Stoffe aus demselben Sagenkreise behandelten, welcher auch die Grundlage der Homerischen Gesänge bildet, muss uns auf diese Vermuthung führen. Da nun die Aöden besonders diejenigen, welche nicht schöpferisch auftraten, das Bestreben hatten, durch Vorführung der herrlichsten poetischen Erzeugnisse in der damaligen Zeit den Beifall ihrer Zuhörer zu erringen, dürften sie sicherlich die Homerischen Lieder, deren Schönheit und Vorzüge allgemein anerkannt wurden, nicht von ihren Vorträgen ausgeschlossen haben. Diese Annahme erscheint um so gerechtfertigter, da die Homerischen Lieder, wie wir weiter unten zu zeigen versuchen werden, sowohl in Bezug auf den Stoff als in Bezug auf die Behandlung desselben eine ziemlich große Ähnlichkeit mit den in der Odyssee erwähnten aufweisen.

Die Ansicht, dass die Aöden ursprünglich beim Vortrage der Homerischen Gesänge sich ganz derselben Mittel bedient haben, als beim Vortrage der anderen in Menge vorhandenen epischen Lieder, steht freilich mit der Überlieferung des Alterthums nicht im Einklange; denn wenn wir in die einzelnen Schriften aus jener Zeit, in welchen dieses Gegenstandes Erwähnung geschieht, genau Einsicht nehmen, so können wir nicht die Thatsache leugnen, dass damals der Glaube ein weitverbreiteter war, die beiden epischen Werke seien gleich vom Anfang an nicht gesungen, sondern recitiert worden.

---

[19]) Nach M. Hecht (Culturhistorische Forschungen zum Homerischen Zeitalter in den Jahrbüchern für Phil. und Pädagogik 1888, S. 795 ff.) ist es heute allgemeine Überzeugung geworden, dass die Homerischen Gedichte in treuen Zügen das Gepräge der Cultur ihrer Entstehungszeit tragen.

Platon[20]) wie Aristoteles[21]) berichten, dass bei den epischen Gedichten ursprünglich einfache Recitation im Gebrauche gewesen, und dass der Gesang dem Epos überhaupt fremd geblieben war, wie denn auch Homer niemals als Aöde, sondern immer als Rhapsode hingestellt wurde, der seine Gedichte ohne jede musikalische Begleitung vorgetragen habe. Doch eine wie unrichtige Vorstellung gerade die Alten bezüglich der Vortragsweise der epischen Gesänge in der ältesten Zeit besaßen, lässt sich deutlich aus einer Stelle[22]) bei Platon erkennen, wo Phemios, der doch selbst nach der Angabe des Homer seine Lieder nur in Begleitung der Phorminx gesungen hat, als Rhapsode bezeichnet und zu Olympos, dem Erfinder der Flötenweisen, zu Thamyris, dem Kitharisten, und zu Orpheus, dem Kitharöden, in Gegensatz gestellt wird. Ebenso finden wir bei Athenaios[23]) eine Äußerung des Theopompos, nach welcher die Homerischen Phäaken den Tag mit Festen und Gastmählern und mit dem Anhören der Kitharöden und Rhapsoden zugebracht haben, eine Äußerung, welche mit der Schilderung Homers vollkommen im Widerspruche steht. Es darf daher auch nicht wundernehmen, wenn wir bei Pindar[24]) geradezu lesen: Ὅμηρος κατὰ ῥάβδον ἔφρασεν, und ganz dieser Auffassung entsprechend, Homer auf Kunstwerken[25]) mit dem Zweige in der Hand, nicht mit der Phorminx abgebildet finden.

Während der rhapsodierende Vortrag der Homerischen Lieder so vielfach und bei sonst so glaubwürdigen Schriftstellern hervorgehoben wird, stehen uns dagegen nur äußerst dürftige Nachrichten zugebote, aus denen gefolgert werden kann, dass wenigstens auch schon im Alterthume die Ansicht sich Geltung verschaffte, die Ilias und Odyssee seien unmittelbar nach ihrer Entstehung gesungen worden. Chamaileon,[26]) ein Schüler des Sokrates, sagt geradezu, dass die Gedichte Homers und Hesiods in Melodien gesetzt gewesen seien. In den Scholien zu Pindar nennt Nikokles[27]) nicht Homer, sondern Hesiod den ersten Rhapsoden.

Doch dass fast die Mehrzahl der alten Schriftsteller, selbst Platon und Aristoteles, Homer als Rhapsoden mit dem Stabe in der Hand sich dachten, dürfte wohl mit dem zu ihrer Zeit üblichen Vortrage der epischen Dichtungen in Zusammenhang zu bringen sein; denn da damals die Ilias und Odyssee im Gegensatz zu den lyrischen Schöpfungen sowohl an den öffentlichen Festen als auch in den Privatkreisen von den Rhapsoden bloß recitiert wurden, so dass

Die Erklärung für diese Erscheinung.

---

[20]) Phaed. p. 278, de rep. X, 600 D. — [21]) ars poet. 1. — [22]) Ion p. 533 B. — [23]) XII. p. 531, a. — [24]) Isthm. γ' 50. — [25]) Baumeister, Denkmäler des class. Alterth. I. S. 698. — [26]) Athen. XIV. p. 620, c. — [27]) Zu Nem β' 1.

man gerade in dieser Art des Vortrages ein wesentlich unterscheidendes Merkmal zwischen Epos und Lyrik erblicken zu können glaubte, so wurde diese Sitte des Vortrages für die ältere Zeit gar nicht in Zweifel gezogen. Galt ja auch für vollkommen sicher, dass die episch-didaktischen Gedichte Hesiods, welcher nach der damals herrschenden Ansicht gleichzeitig mit Homer gelebt haben soll, niemals gesungen, sondern stets recitiert wurden. Warum sollte dann gerade für den Vortrag der zu gleicher Zeit entstandenen Homerischen Epen der Gesang vorausgesetzt werden?

Aus welchem Grunde stimmen neuere Forscher dieser Ansicht bei.

Diejenigen, welche in unseren Tagen diese im Alterthume ausgesprochene Ansicht billigen und sie zu vertheidigen suchen, lassen sich hauptsächlich von dem Gedanken leiten, dass wohl jene kürzeren Lieder der Aöden, die zwischen der epischen und lyrischen Dichtung die Mitte einzuhalten pflegen,[28]) für den Gesang geeignet seien, aber keineswegs die umfangreichen Homerischen Epen, in welchen das Epos den Gipfel seiner Vollendung erreicht habe. Wenn wirklich die Homerischen Aöden Lieder von der oben angeführten Beschaffenheit, die sich sowohl durch ihre Form als auch durch ihren Umfang von den Homerischen Gesängen wesentlich unterscheiden, bei ihrem Zuhörerkreise zum Vortrage gebracht hätten, dann wäre es wohl gewagt, die fast einstimmige Überlieferung des Alterthumes in Zweifel zu ziehen. Allein bei

Die in der Odyssee erwähnten Lieder weisen die Merkmale der Homerischen Poesie auf.

näherer Betrachtung der von Homer erwähnten Lieder gewinnen wir die Überzeugung, dass dieselben **bereits alle charakteristischen Merkmale der Homerischen Poesie in sich vereinigt haben.**

In der Odyssee gibt der Dichter bei zwei Sängern den Inhalt ihrer Lieder an. Der eine Sänger **Phemios** lebt auf **Ithaka**, der Heimat des Odysseus, und erheitert

Das Lied des Phemios.

mit seinem Gesange, wenn auch gezwungen, die Herzen der übermüthigen Freier. Das erstemal[29]) treffen wir ihn beim Mahle der Freier, und er besingt hier, während der wegen der langen Abwesenheit seines Vaters tiefbekümmerte Sohn **Telemachos** mit dem eben angekommenen Fremden aus Taphos sich unterredet, die traurige Heimkehr der Griechen von Troja, welche Pallas Athene über die meisten der Helden verhängt hatte. Als die himmlischen Töne des Sängers ins Frauengemach bis zu den Ohren der Penelope drangen, wurde dieselbe traurig gestimmt; denn sie erinnerte sich ihres unglücklichen Gemahles, welchem durch das Geschick beschieden war, erst im zwanzigsten Jahre

[28]) Volkmann (S. 252 ff.) hält es für vollkommen unbegründet, den Gesang dieser Aöden als einen durchaus epischen zu bezeichnen. — [29]) α 325 ff.

wieder den heimatlichen Boden zu betreten. Mit Thränen in den Augen steigt sie in den Männersaal und bittet den Sänger, mit einem anderen Liede. deren er so viele wisse, der Freier Herzen zu ergötzen. Telemachos aber ruft seiner Mutter zu, dem Sänger nicht zu zürnen, wenn Zeus ihn antreibe, von den Leiden der Danaer zu singen. Zudem liege es ja auch im Interesse des Sängers, seinem Zuhörerkreis die neuesten Lieder vorzutragen. da gerade diesen die aufmerksame Versammlung stets das größte Lob. den größten Beifall spendet.

Ein zweitesmal [30]) treffen wir den Phemios beim Freiermorde. Hier fleht er den Odysseus um Schonung seines Lebens an, indem er hinweist, dass er den Freiern nicht freiwillig, sondern gezwungen vorgesungen habe; zugleich verspricht er dem Odysseus, falls er ihn am Leben lasse, ihn wie einen Gott im Gesange zu verherrlichen.

Aus der ersten Stelle erfahren wir, dass Phemios zwar viele fertige Lieder im Gedächtnisse trage, aber stets dasselbe Lied von der traurigen Heimkehr der Achäer wiederholte, deshalb weil gerade der neueste Gesang den Zuhörern am meisten Vergnügen bereitet. Ob wir uns nun hier mehrere einzelne unzusammenhängende Lieder zu denken haben, von denen das eine den Untergang des lokrischen Ajax, das andere die langen Irrfahrten des Menelaos, wieder ein anderes die Schicksale eines dritten Helden erzählt, oder ob diese einzelnen Lieder durch die Kunst eines Dichters oder Aöden bereits zu einem einheitlichen Ganzen verbunden waren, hat zwar Homer nicht bestimmt angedeutet, doch kann man aus dem Umstande, dass er allen den einheitlichen Titel »die traurige Heimkehr der Achäer« (Ἀχαιῶν νόστον λυγρόν) beilegt, vermuthen, es dürfte das letztere der Fall gewesen sein. An der zweiten Stelle spricht der Dichter bestimmt aus, dass die Muse diesem Sänger auch die Gabe der Dichtkunst verliehen hat; denn sonst hätte derselbe bei der Bitte um Schonung seines Lebens dem Odysseus nicht verheißen können, dass er seine Thaten in einem Liede verherrlichen werde. Vielleicht können wir uns hier vorstellen, dass Phemios die Absicht hatte, wie in der Ilias die Person des Achilleus im Vordergrunde steht, in ähnlicher Weise auch die Thaten des Odysseus in einem epischen Liede größeren Umfanges zu besingen.

Was Phemios in der Furcht um sein Leben bloß in Aussicht gestellt hatte, das scheint bereits ein anderer Dichter ausgeführt zu haben. Auf diese Vermuthung werden wir geführt, wenn wir den Inhalt der Lieder ins Auge

Die Lieder des Demodokos.

---

[30]) χ 230 ff.

fassen, welche der blinde Sänger Demodokos im Palaste des weisen Alkinoos zu Ehren des anwesenden Odysseus anstimmte.

Als[31]) nämlich die Phäaken gesättigt waren und nach Lust getrunken hatten, trieb die Muse den Sänger an, mit dem Vortrage desjenigen Gedichtes zu beginnen, dessen Ruhm damals bis zum Himmel stieg, und Demodokos sang nun, wie Odysseus und der Pelide Achilleus beim festlichen Opfermahle miteinander zankten und der Heerführer Agamemnon an diesem Zanke der tapfersten Helden sich herzlich freute; denn Apollo hatte bereits vor Beginn des Krieges dem Agamemnon den Orakelspruch ertheilt, dass Troja nicht früher fallen werde, als bis die trefflichsten der achäischen Helden über ihre gegenseitigen Vorzüge in Streit geriethen. Da Alkinoos bemerkte, dass des Sängers Lied den Fremdling schmerzlich berührte, ließ er den Vortrag abbrechen und forderte seine Gäste auf, ihm auf den Festplatz zu folgen und dort an den Kampfspielen sich zu betheiligen. Am Abende jedoch versammelten sich wieder alle im herrlich geschmückten Männersaale, und nachdem sie ihr Verlangen nach den Freuden der Tafel gestillt hatten, bat Odysseus[32]) den Sänger, zu einem anderen Theile des Gesanges überzugehen und vom hölzernen Pferde zu singen, welches Epeios mit Hilfe der Athene erbaut und Odysseus mit List in die Stadt gebracht hatte; dieses aber war angefüllt mit bewaffneten Männern, welche Troja zerstörten. Der Dichter fährt dann fort[33]): φαῖνε δ᾽ ἀοιδήν, ἔνθεν ἑλών, ὡς . . . . Der Sänger stimmte seinen Gesang an, wobei er damit anhob, wie die Griechen scheinbar die Gestade Trojas mit ihren Schiffen verließen. Die zwei Wörter ἔνθεν ἑλών scheinen darauf hinzudeuten, dass das folgende Lied aus einem sehr bekannten Gedichte herausgenommen wurde. Der Sänger übergieng mithin den Anfang und begann mit seinem Gesange bei einem bestimmten Theile des Gedichtes.

Der Inhalt des ersten Liedes.

Wenn wir uns nun das Lied, welches der Sänger vor den Kampfspielen den Gästen vortrug, ins Gedächtnis zurückrufen, so sehen wir, dass der Stoff desselben ebenso wie der des letzteren dem trojanischen Sagenkreise angehört. Jenes besingt nämlich den Streit des Odysseus und Achilleus. Über diesen Streit aber finden wir einige Angaben bei den Alten.

Ohne wesentliche Bedeutung ist die Bemerkung bei Plutarch,[34]) dass Agamemnon deshalb so große Freude hatte, weil die Uneinigkeit und die Eifersucht der besten unter den Fürsten ein großer Vortheil für das Gemeinwohl

31) θ 72 ff. — 32) θ 492 ff. — 33) θ 500 ff. — 34) Agesilaos 5.

wäre; denn wenn wir schon von der beim Dichter angeführten Begründung absehen und durchaus als Grund dieser Freude einen politischen Gedanken unterschieben wollen, so hat doch die Behauptung Welckers[35]) größere Wahrscheinlichkeit, dass Agamemnon deshalb nicht ungern diesen Zwist sah, weil sein Ansehen durch die Uneinigkeit und den Streit der tapfersten Helden eher beim Heere gehoben als geschwächt werden musste. Größere Wichtigkeit verdient die Mittheilung[36]) über den Zeitpunkt und über den Gegenstand des Streites. Als Hektor bereits gefallen war und man zum Angriffe gegen die Stadt schreiten wollte, entstand zwischen Achilleus und Odysseus darüber ein Streit, ob der Tapferkeit und Gewalt oder der Klugheit und List im Kampfe der Vorzug einzuräumen sei.

Der Zusammenhang des ersten mit dem letzten.

Wenn wir dieser Nachricht aus dem Alterthum über den Inhalt des Liedes Glauben schenken, so können wir uns nicht leicht gegen die Annahme verschließen, dass zwischen dem ersten und dem letzten Liede, welches der Sänger auf den Wunsch des Odysseus vortrug, ein innerer Zusammenhang bestehe: denn das letzte liefert offenbar den Beweis für die Richtigkeit der von Odysseus aufgestellten Behauptung: nicht Tapferkeit und Stärke, sondern Klugheit und List geben im Kriege den Ausschlag. Beide Lieder scheinen also nur Theile eines größeren Gedichtes gebildet zu haben.

Das letzte Lied nicht unmittelbare Fortsetzung des ersten.

Dass aber das letzte Lied nicht als unmittelbare Fortsetzung des ersten betrachtet werden darf, ersieht man aus den Worten des Odysseus,[37]) mit welchen er den Sänger nach vorausgeschicktem Lobe seiner Kunst zum Gesange auffordert. Er sagt nämlich: ἀλλ' ἄγε δή, μετάβηθι, καὶ ἵππου κόσμον ἄεισον. Wie der Gebrauch des Wortes μεταβαίνειν bei den Rhapsoden in der beliebten Form μεταβήσομαι ἄλλον εἰς ὕμνον anzeigt,[38]) will der Sänger dadurch den Zuhörer aufmerksam machen, dass er sich zum Vortrage eines Liedes anschickt, welches entweder aus einem ganz anderen Gedichte genommen ist, oder falls es demselben Gedichte angehört, wenigstens nicht unmittelbar an das vorhergehende Lied sich anschließt, sondern durch mehrere Zwischenlieder von demselben geschieden erscheint. Doch dieses μετάβηθι im ersteren Sinne aufzufassen, als ob Odysseus mit Rücksicht auf das zweite Lied des Demodokos dieses Ausdruckes sich bedient hätte und damit den Sänger auffordern wollte, nicht wieder Vorfälle aus der Götterwelt zu erzählen, sondern die Heldenthaten der Achäer vor Troja zu besingen, passt ganz und gar nicht in den Zusammenhang

35) S. 269 ff. — 36) Scholien zu Il. I, 347 und Athen. I, p. 17, e. — 37) ϑ 492. — 38) Welcker, S. 326.

der Stelle; denn im Vorhergehenden lobt Odysseus, bezugnehmend auf das erste Lied von dem Streit der Helden, den Sänger, dass er so lebendig und anschaulich die einzelnen Begebenheiten vor Troja zu schildern weiß. Wenn er hierauf unmittelbar anschließt: μετάβηθι καὶ ἵππου κόσμον ἄεισον, so kann dies doch nur besagen: fahre nicht dort fort, wo du früher aufgehört hast, sondern übergehe einzelne Partien und beginne vom Baue des Rosses zu singen.

Welche Rhapsodien bildeten diese Lieder im Gedichte?

Steht es nun einmal fest, dass diese beiden Lieder für Theile eines Gedichtes anzusehen sind, dessen Ruhm, wie Homer selbst bezeugt,[39]) damals eben bis zum weiten Himmel drang, so können wir leicht auch diesen Liedern mit Rücksicht auf ihren Inhalt den Platz anweisen, den sie in dem betreffenden Gedichte eingenommen haben dürften. Da nämlich im ersten Liede Odysseus eine Behauptung aufstellt, deren Richtigkeit im letzten durch die Zerstörung Trojas unwiderleglich dargethan wird, mag wohl die Annahme immerhin einen Schein von Berechtigung haben, das Lied, welches den Zwist der beiden Achäerfürsten behandelt, habe die erste Rhapsodie, das Lied von der Erbauung des hölzernen Rosses die letzte Rhapsodie eines Gedichtes gebildet, welches nichts anderes bezweckte, als die List und Klugheit des Odysseus zu verherrlichen, so dass die früher ausgesprochene Ansicht gerechtfertigt erscheint, Odysseus, welchen Phemios wie einen Gott zu verherrlichen verspricht, habe bereits wie Achilleus seinen Homer gefunden.[40]) Homer hat mithin durch die angeführten Lieder, welche die Aöden theils im Königspalaste auf Ithaka, theils am Fürstenhofe des Alkinoos sangen, auf zwei Dichtungen hingewiesen, von denen die eine bezüglich des Stoffes an die Odyssee sich anschließt, während die andere in ähnlicher Weise wie die Ilias die Kämpfe vor Troja behandelt, nur mit dem Unterschiede, dass, wie in der Ilias Achilleus, so in diesem Gedichte Odysseus als die Hauptperson hingestellt zu sein scheint.

Die angeführten Lieder in Form und Inhalt von den Homerischen Epen nicht verschieden.

[39]) ϑ 74. — [40]) Bäumlein (Jahn'sche Jahrbücher 1857, S. 37) sucht den Beweis zu liefern, dass wir im 8. Gesange den Entwurf eines größeren einheitlichen Epos haben. Welcker, welcher sich S. 322 ff. mit Demodokos und seinen Liedern eingehend beschäftigt, behauptet zwar richtig, dass der Sänger mit Homer große Ähnlichkeit zeige, doch scheint er allzuwenig Beachtung dem inneren Zusammenhange der beiden Lieder zu schenken; denn er meint, dass unter dem blinden Demodokos der Dichter der kleinen Ilias versteckt sei. In ähnlicher Weise findet auch Dr. Adam (die aristotelische Theorie vom Epos) ein größeres Gedicht vom trojanischen Kriege cyklischen Inhaltes in der Odyssee angedeutet, von welchem der Sänger Demodokos Bruchstücke gesungen habe wie νεῖκος Ὀδυσσῆος καὶ Ἀχιλῆος, ἵππου κόσμον δουρατέου und endlich die Zerstörung Trojas, wodurch man eine vollständige Ilias erhält, in welcher in ganz natürlicher Folge die Thaten der Helden vor Ilion besungen wurden. Diese Ansicht verwirft Huemer in der Zeitschrift für österreichische Gymnasien 1890, S. 503 ff.

Aus dieser kurzen Andeutung Homers geht daher hervor, dass die Lieder, mit deren Vortrag damals die Aöden ihre Zuhörer ergötzten, keineswegs die Mitte zwischen lyrischer und epischer Poesie einnahmen, sondern dass sie ihrem Inhalte wie ihrer Form nach fast ganz den Charakter der beiden Epen, der Ilias und Odyssee, aufwiesen. Es ist deshalb vollkommen unbegründet, bloß den Homerischen Epen die Eignung für den Gesang absprechen zu wollen. Sind aber dieselben wie die übrigen für den Gesang geeignet, so ist nicht im geringsten zu zweifeln, dass die Aöden diese Gesänge, die an Schönheit alle anderen poetischen Erzeugnisse damaliger Zeit weit übertreffen, ihrem Gedächtnisse einzuprägen suchten, um stets imstande zu sein, die eine oder andere Rhapsodie auf Verlangen ihres Zuhörerkreises vorzutragen. Und dass wirklich die Aöden ursprünglich die Epen Homers wie die übrigen Lieder gesungen haben, dafür dürfte auch, wie Bergk[41]) bemerkt, die freie Behandlung des Verses sprechen, indem gerade Gesang und Musik über kleine Unebenheiten leichter hinweghelfen.

Was ergibt sich daraus für den Vortrag.

4. Das Ansehen der Aöden und ihr Wirken als Dichter und Sänger.

Überaus günstige Umstände wirkten zusammen, dass die epische Dichtung im Homerischen Zeitalter eine so hohe Blüte erreichte.

Die Hauptbedingungen für die Entwicklung des Epos.

Die Fülle der vorhandenen Sagen bot dem Aöden oder Dichter Stoffe in Menge dar, welche ihn zur Schaffung von künstlerischen Epen einluden. Vor allem war es der trojanische Sagenkreis, welcher eine unerschöpfliche Fundgrube für das Epos lieferte. Da der Zug gegen Troja uns ein Unternehmen Griechenlands darstellt, an welchem alle bedeutenden Staaten mit ihren Fürsten sich betheiligten, so war es dem Dichter leicht ermöglicht, den Stoff für seine Dichtung so auszuwählen, dass derselbe Theilnahme und Interesse bei seinen Zuhörern erwecken musste.

Der trojanische Sagenkreis.

Denn was könnte den Fürsten angenehmer sein, als beim festlichen Mahle, umgeben von den Edelsten des Landes, die Heldenthaten ihrer Vorfahren preisen zu hören? Brachten diese anfangs derartigen Gesängen nur deshalb so lebhaftes Interesse entgegen, weil dieselben bald in größerem, bald in geringerem Umfange eine Verherrlichung ihres Geschlechtes enthielten, so lernten sie doch dabei die Schönheit der dichterischen Formen bewundern und lieben.

Die Freude der Zuhörer am Vortrage.

[41]) S. 436.

Auf einen solchen Boden verpflanzt, musste das Epos bis zur höchsten Vollendung gedeihen; denn einerseits standen den Aöden Stoffe aus den vorhandenen Sagenkreisen in Fülle zur Verfügung, andererseits wurde die Freude der Fürsten am epischen Gesange ein mächtiger Sporn zur Pflege desselben. Welch großes Vergnügen die Edlen in der Homerischen Zeit am kunstvollen Vortrag des Sängers hatten, mag er nun Thaten der Götter oder Menschen besingen, lässt der Dichter dem Odysseus selbst am Hofe des Alkinoos aussprechen.[12]) Als nämlich der Phäakenfürst die Traurigkeit seines lieben Gastes beim Gesange des Demodokos bemerkte und deshalb denselben fragte, warum sich seine Augen mit Thränen füllen, so oft der Sänger seinen Mund öffne, um der Achäer und Troer Geschick zu verkünden, erwiderte Odysseus: »Wahrlich, Wonne ist es, auf einen Sänger zu horchen, wenn er gleich einem Gotte zu singen versteht; denn ich kenne kein angenehmeres Leben, als wenn unter dem ganzen Volke festliche Freude herrscht und die schmausenden Gäste, in langen Reihen sitzend, den Worten des Sängers andächtig lauschen.«

An einer anderen Stelle[13]) schildert Eumaios, der treue Sauhirt des Odysseus, der Penelope, mit welcher Lust und mit welchem Vergnügen er die Erzählung seines Gastes anhörte, der drei Tage und drei Nächte in seiner Hütte zugebracht habe. Damit aber Penelope von dem gewaltigen Eindrucke der Erzählung eine richtige Vorstellung gewinne, vergleicht er seinen Gast mit einem begeisterten Sänger, der mit seinem Liede, welches ein Gott ihm eingepflanzt hat, die Herzen der Menschen bezaubere, so dass jeder, so lange er singe, ununterbrochen ihm zuzuhören wünsche.

Je mehr die epischen Gesänge unter der künstlerischen Hand des Dichters an Vollkommenheit zunahmen, desto beliebter wurden auch an den Fürstenhöfen die Vorträge derselben. Gesang und Tanz[14]) oder Saitenspiel und Gesang[15]) bildeten die Zierde der Feste (ἀναθήματα δαιτός), und die Harfe, ein Geschenk der Götter, war die Freundin des Mahles.[16])

Die Sänger an den Fürstenhöfen.

Wie im Palaste des Zeus beim Festmahle Apollon durch die Töne seiner Leier und die Musen durch ihren lieblichen Wechselgesang die Herzen der Götter erfreuten,[17]) ebenso erheiterte der Sänger beim fröhlichen Mahle die Vornehmen mit seinem Gesange und mit den Tönen seines Saiteninstrumentes. Fast an allen Fürstenhöfen, mit denen der

[12]) ι 3 ff. — [13]) ρ 515 ff. — [14]) α 152. — [15]) φ 430. — [16]) θ 99: δαιτὶ συνήορος θαλείῃ, ρ 271: φόρμιγξ, ἣν ἄρα δαιτὶ θεοὶ ποίησαν ἑταίρην. — [17]) Α 153 ff.

Dichter der Odyssee uns bekannt macht, ist der Sänger heimisch.

Auf Ithaka.

So treffen wir jedesmal im Hause des Odysseus den berühmten Phemios[48]) in der Gesellschaft der übermüthigen Freier, wenn sie sich im Männersaale bei der reichbesetzten Tafel niederlassen.

Am Hofe des Alkinoos.

Auch der blinde Demodokos,[49]) der in der Stadt wohnt, scheint am Hofe des Alkinoos kein seltener Gast gewesen zu sein, da man ihm bereits einen bestimmten Sitz, und zwar einen höchst ehrenvollen zugewiesen hat; denn er erhält seinen Platz mitten unter den schmausenden Gästen auf einem silberbeschlagenen Stuhle, der an eine hohe Säule gelehnt ist. Oben auf einem Nagel über seinem Haupte hängt Pontonoos die Phorminx auf und führt dem Sänger die Hand hin, damit er sie, wenn er nach den Freuden des Mahles den Gesang beginne, sogleich finde.

In Sparta.

Desgleichen ist der Sänger am Hofe des Menelaos[50]) ein gern gesehener Gast. Am Hochzeitsfeste der Kinder des Menelaos singt er daselbst unter Begleitung der Phorminx ein Tanzlied.

Dem Sänger allein ist die Kunst des Gesanges eigen.

Soviel geht aus Homer hervor, dass die Paläste der Großen die Stätten waren, wo der Sänger sich einfand, um bei festlichen Gelagen zur Unterhaltung der Zuhörer seine Kunst zu üben. Dort besang er Thaten der Götter und Menschen und begleitete auch mit seinem Liede den Tanz. Ihm allein war die Kunst des epischen Gesanges eigen, und keiner von den Gästen trat etwa auf, um ebenfalls ein Lied vorzutragen, sondern schweigend hörten sie den Worten des Sängers zu. Dieser Umstand lässt darauf schließen, dass für den kunstmäßigen Vortrag der epischen Lieder Anlage und Begabung keineswegs schon hinreichten, sondern dass derselbe neben den natürlichen Fähigkeiten noch eine langjährige, mühevolle Übung zur Voraussetzung hatte.

Sängerschulen.

Ob man deshalb eigentliche Sängerschulen anzunehmen habe, in denen die Kunst des Gesanges gelehrt wurde, kann man mit Bestimmtheit weder behaupten noch verneinen. In Homer wenigstens findet sich davon keine Spur.

Gesang, eine Gabe der Gottheit.

Wir hören nur, dass dem Sänger die Gabe des Gesanges von einer Gottheit,[51]) entweder von Apollo[52]) oder von der Muse[53]) oder von Zeus[54]) selbst verliehen wurde. Da der Gesang eine Gabe der Gottheit ist, wird er der göttliche[55]) genannt, wie denn auch der Dichter, der sich der besonderen Liebe der Muse erfreut,[56]) gewöhnlich der göttliche[57]) heißt.

---

48) α 153 ff. — 49) θ 65 ff. — 50) δ 17. — 51) θ 44, ρ 518. — 52) θ 488. — 53) θ 73, 480 und 481. — 54) α 348 ff. — 55) α 328. — 56) θ 63. — 57) ρ 385.

Das große Vertrauen zum Sänger.

Der Sänger als Liebling der Götter ist deshalb bei den Menschen hochgeehrt und lebt mit den Fürsten nicht nur in freundschaftlichem Verkehr, sondern genießt oft auch bei denselben ein überaus großes Vertrauen.

Der Sänger am Hofe des Agamemnon.

Am Hofe des Agamemnon wird der Sänger mit der ehrenvollen Aufgabe betraut,[58]) der Klytaimnestra während der Abwesenheit ihres Gemahles rathend und schützend zur Seite zu stehen. Und solange derselbe in ihrer Nähe weilte, wies sie das sündhafte Begehren des Aigisthos standhaft zurück; erst als dieser den Sänger auf ein ödes Eiland führte und ihn dort zur Beute den Vögeln zurückließ, gelang es ihm, sie für seinen ruchlosen Plan zu gewinnen.

Da Gesang und Tanz gleichsam als ein nothwendiger Bestandtheil zum Mahle der Fürsten zu gehören schien, genoss der Sänger an deren Höfen nicht nur hohe Achtung, sondern er erfreute sich oft auch eines ziemlich großen Vertrauens derselben. So oft er in ihrer Mitte erschien, sei es, dass er unaufgefordert sich einfand, sei es, dass er nur dem ehrenvollen Rufe der Einladung Folge leistete, stets konnte er auf eine freundliche Aufnahme in diesen Kreisen rechnen.

Der Ruhm des Sängers hängt von der Trefflichkeit des Gesanges ab.

Das höhere oder geringere Ansehen desselben hieng selbstverständlich mit dem Beifall zusammen, dessen seine Lieder bei den Zuhörern sich erfreuten. Dieser Beifall hatte entweder in der Vortrefflichkeit des Gesanges oder in der Neuheit des Stoffes seine Begründung: denn das neueste Lied gefiel immer am meisten.[59]) Dem Demodokos[60]) ließ Odysseus am Abende beim Mahle durch einen Herold als Zeichen der Anerkennung ein großes Stück Fleisch von einem weißzahnigen Schweine reichen, welches er vom Seitenstücke vorne abgeschnitten hatte. Wegen dieser Ehre und Auszeichnung bei den Menschen wurde der Sänger auch περικλυτός genannt, ein Epitheton, welches der Dichter dem Phemios[61]) wie dem Demodokos[62]) beilegte.

Nicht alle Sänger waren Dichter.

Nicht alle Sänger, welche an den Fürstenhöfen ihre Lieder erschallen ließen, besaßen die Gabe der Dichtkunst. Ohne Zweifel war ein Theil derselben angewiesen, Lieder fremden Ursprunges zum Vortrage zu bringen. Wenn nun auch deren Thätigkeit nicht unmittelbar auf die Entwicklung und Ausbildung der epischen Dichtung einen Einfluss ausübte, doch ganz fruchtlos dürfte dieselbe nicht gewesen sein. Denn abgesehen davon, dass manche Lieder in der ersten Zeit einzig und allein ihnen

58) γ 267 ff. — 59) α 351 ff.:

τὴν γὰρ ἀοιδὴν μᾶλλον ἐπικλείουσ' ἄνθρωποι,
ἥ τις ἀκουόντεσσι νεωτάτη ἀμφιπέληται.

60) θ 475 ff. — 61) α 325. — 62) θ 83.

ihre Erhaltung verdankten, hatte das Epos durch deren kunstgerechten Vortrag eine nicht unbedeutende Anzahl von Verehrern und Anhängern gewonnen. Musste aber nicht der Umstand, dass die einzelnen poetischen Schöpfungen überall einer freundlichen Aufnahme und gerechten Würdigung sicher waren, die Schaffensfreudigkeit bei den mit der Dichtkunst vertrauten Sängern erhöhen?

Erklärung von αὐτοδίδακτος.

In der Odyssee[63]) rühmt sich Phemios αὐτοδίδακτος zu sein; denn ein Gott habe ihm mancherlei Lieder eingepflanzt. Der Sänger nennt sich nicht deshalb αὐτοδίδακτος, weil niemand ihn die Kunst des Gesanges gelehrt habe, sondern weil, wie er selbst angibt, seine Lieder von keinem Menschen, sondern von der Gottheit herrühren. Er spricht mithin hier aus, dass er nicht bloß Sänger, sondern zugleich auch Dichter sei, und stellt sich in Gegensatz zu denen, die fremde Lieder ihrem Gedächtnisse einprägen und ihren Zuhörern vorsingen.

Worin bestand die dichterische Thätigkeit der Aöden?

Wie Phemios, so waren unzweifelhaft noch viele andere Aöden auf dem Felde der Dichtkunst thätig. Diese suchten die vorhandene Sage dichterisch umzugestalten und in die Form einzelner Lieder zu bringen und diese miteinander zu verknüpfen, indem sie ihnen eine einheitliche Idee zugrunde legten. Die Sage ist in diesem Falle der gegebene Stoff, »das allgemeine Eigenthum«,*) während die Verarbeitung und Umgestaltung derselben nach gewissen Regeln der Kunst als das Eigenthum eines einzelnen betrachtet werden muss, mag man nun denselben Dichter oder Sänger nennen. Nicht unpassend vergleicht diese Thätigkeit Welcker[64]) mit der Kunst eines verständigen Gärtners, insofern der einzelne Dichter in den natürlichen Organismus der Sage soweit eingegriffen hat, »wie der sinnige Gärtner das natürliche Wachsthum der einzelnen Pflanzen nach seinen Gedanken regelt und gestaltet.«

Vergleich der Aöden mit den Troubadours und den Minnedichtern und ihrer Gesänge mit den Ritterromanen und der Saga.

Die Homerischen Sänger, welche an den Höfen der Fürsten lebten und daselbst mit ihrem epischen Gesange die Gäste unterhielten, erinnern, wie Nutzhorn[65]) bemerkt, an die Troubadours oder die Minnesänger des Mittelalters, die ebenfalls ihre Lieder an den Höfen der Fürsten und auf den Burgen des Adels unter Begleitung eines Saiteninstrumentes gesungen haben, wie denn auch der Homerische Gesang keine andere Aufgabe zu erfüllen schien, als die Ritterromane des Mittelalters, oder »die Saga, der man an den langen Winterabenden in der Stube des isländischen Großbauern lauschte.«

---

[63]) χ 347. — *) Lauer p. 199. — [64]) Epischer Cyklus II, S. 11. — [65]) S. 95.

Homer, der berühmteste Aöde.

Wenn wir den im Alterthume allgemein herrschenden Glauben festhalten, dass die Ilias und Odyssee Werke eines Dichters seien, keineswegs aber erst in späterer Zeit aus den einzelnen Liedern, welche die Aöden und hernach die Rhapsoden durch mündlichen Vortrag fortpflanzten, zu einheitlichen Werken geschaffen wurden, so müssen wir den Verfasser der beiden Werke in die Classe der dichtenden Aöden einreihen. Aber, wie die Sonne durch ihren Glanz alle Sterne verdunkelt, so wurden von Homer, welchen die Alten als den Dichter der beiden Epen angeben, alle anderen Aöden in Schatten gestellt.

Seine Lieder wurden allen anderen vorgezogen.

Seine Werke, welche die übrigen poetischen Erzeugnisse ähnlicher Art aus damaliger Zeit durch ihre Vorzüge weit überragten, erfreuten sich bei den Zuhörern einer so großen Beliebtheit, dass fast alle Sänger nach und nach die Nothwendigkeit fühlten, diese Lieder sich anzueignen, um den einen oder anderen Abschnitt aus denselben auf Verlangen ihres Zuhörerkreises singen zu können. Je eifriger aber die Aöden die Pflege der Homerischen Epen sich angelegen sein ließen, umsomehr trat eine Vernachlässigung im Vortrage der übrigen vorhandenen epischen Lieder ein, so dass im Laufe der Zeit ein großer Theil derselben, deren Fortpflanzung nur auf mündlichem Wege geschah, vollständig in Vergessenheit gerieth.

Die umfangreichen Epen wurden selten ganz vorgetragen.

Da die epischen Dichtungen an Umfang im Vergleiche zur früheren Zeit nicht unerheblich zugenommen hatten, wurde es den Sängern geradezu unmöglich, alle einzelnen Lieder derselben in ununterbrochener Reihenfolge vorzutragen. Denn die Fürsten, welche tagsüber mit Kampfspielen oder Jagd beschäftigt waren, scharten sich erst gegen Abend im Männersaale zu den Freuden der Tafel, wo nach beendigtem Mahle der Sänger zu ihrer Unterhaltung den Gesang begann. Fanden sich nun dieselben Zuhörer mehrere Tage hintereinander im Hause des Fürsten ein, so war wohl für den Aöden kein Hindernis vorhanden, jedesmal am nächsten Tage seinen Gesang dort aufzunehmen, wo er tagsvorher geendet hatte, so dass auf solche Weise das Epos in seinem ganzen Umfange vor denselben Zuhörern zum Vortrage gebracht werden konnte.

Die Zuhörer begnügten sich mit dem Anhören einzelner Rhapsodien.

In anderen Fällen dürften sich wohl die Aöden mit dem Gesange einzelner Theile aus der Dichtung, welchen man den Namen Rhapsodien beilegte, begnügt haben, sei es, dass sie selbst diese Theile mit Rücksicht auf die Stimmung ihres Zuhörerkreises auswählten, sei es, dass irgend einer der Vornehmen sie aufforderte,[66]) eine bestimmte Rhapsodie zum Gegenstande des Gesanges zu machen.

---

[66]) θ 492.

Jordans Ansicht über die Auswahl solcher Rhapsodien.

Jordan,[67]) der mit dem Vortrage umfangreicher Heldengedichte eine lange Zeit hindurch sich befasste und dabei oft mit Rücksicht auf seine Zuhörer für den Vortrag nur einzelne Theile des Gedichtes auswählte, stellt die Behauptung auf, Homer habe selbst schon, geleitet von der Vorliebe und dem Beifall seiner Zuhörer, einzelne Rhapsodien aus seiner ganzen Dichtung derart zusammengefügt, dass ein solcher Cyklus von Liedern einen Abriss oder Chrestomathie des Ganzen bildete. Sicherlich können wir annehmen, dass diesen Vorgang, den Jordan bereits dem Dichter zuschreibt, die Aöden bei ihrem Vortrage öfters werden beobachtet haben; denn nicht immer bot sich ihnen die Gelegenheit dar, die Epen in ihrer ganzen Vollständigkeit den Zuhörern vorzuführen.

Die Aöden niemals bei den Volksfesten.

Keineswegs wurden alle Griechen ohne Unterschied des Ranges und Standes durch den Vortrag der Aöden mit dem Inhalte der epischen Dichtung bekannt. Denn der Sänger weilt am Hofe der Fürsten und stimmt dort bei den verschiedenen Festlichkeiten seinen Gesang an. An solchen Festen konnten sich aber bloß die Vornehmen der Geschlechter betheiligen, welche über die Masse des Volkes herrschten. Der Demos selbst war davon ausgeschlossen. Keine Stelle aus Homer kann herbeigezogen werden, aus der sich beweisen ließe, dass die Aöden unter Umständen auch in den lärmenden Volksversammlungen aufgetreten wären und vor dem gesammten Demos ihre Heldenlieder gesungen hätten.

Diese Behauptung nicht entkräftet durch das Epitheton δημιοεργοί

Wohl haben einige auf die Odyssee ρ. 381 ff. hingewiesen, wo der Sänger δημιοεργός genannt wird. Doch scheint die Annahme vollkommen unbegründet zu sein, dass der Sänger nur deshalb den δημιοεργοί beigezählt werde, weil er auch vor dem ganzen Volke aufzutreten pflege; denn eine solche Erklärung passt durchaus nicht in den Zusammenhang. Der Freier Antinoos schilt den Sauhirten Eumaios, dass er dem Bettler in seiner Hütte nicht nur gastliche Aufnahme gewährt, sondern ihn noch dazu an den Hof gebracht habe. Darauf antwortete Eumaios, dass wohl niemand selber darauf ausgehen werde, einen Fremdling einzuladen außer einen von denen, οἳ δημιοεργοὶ ἔασιν, einen Seher, einen Arzt, einen Zimmermann oder auch einen göttlichen Sänger, der durch seine Lieder ergötze. Der Sänger kann hier doch nur aus denselben Gründen wie der Zimmermann, der Arzt etc. δημιοεργός genannt werden. Die Ärzte, Zimmerleute etc. führen aber nun die Bezeichnung δημιοεργοί nicht deshalb, weil sie ihre Kunst in der Volksversammlung üben oder für das ganze Volk

---

[67]) S. 76.

arbeiten, sondern weil sie ihre Dienste jedem aus dem Volke anbieten,[68] der dieselben begehrt und ihnen dafür entsprechende Belohnung in Aussicht stellt. Der Sänger wird daher zu den δημιοεργοί gerechnet, weil er ebenfalls bereitwilligst seinen Gesang vor denjenigen anstimmt, die ihn zu hören wünschten, nicht aber deshalb, weil er seine Lieder vor dem ganzen Volke vortrug. Nur von Phemios[69] berichtet uns der Dichter, dass er nicht freiwillig oder des schnöden Gewinnes wegen in den Palast des Odysseus gekommen sei, um beim Mahle der Freier zu singen, sondern dass er bloß der Gewalt nachgegeben habe. In der Regel folgte der Sänger freudig und gern der Aufforderung der Fürsten, ihre Feste durch sein Spiel zu verherrlichen und zu verschönern.

Hier in den Kreisen der vornehmen Gesellschaft verschaffte der Sänger dem Epos, vor allem den Meisterwerken, der Ilias und Odyssee, die weiteste Verbreitung, während er mit seinem Gesange der großen Menge ferne stand.

---

[68]) Nutzhorn S. 94. — [69]) χ 251 ff. und α 154. Niese (S. 10) führt zur Begründung seiner Behauptung, dass die Kunst nach Brot geht, diese Stellen an, indem er erklärt, Phemios habe im Hause des Odysseus gesungen, weil er musste, um sich dadurch seinen Lebensunterhalt zu verschaffen. Damit unterschiebt er diesen Stellen einen ganz fremden Gedanken, da ja der Sänger ausdrücklich sagt, dass man ihn ἀνάγκῃ hieherführte. Ob überhaupt die Sänger durch ihre Kunst in ähnlicher Weise wie die Ärzte und Zimmerleute durch ihre Beschäftigung den Unterhalt fanden, lässt sich aus den Andeutungen Homers nicht mehr ermitteln. Zwar wird von Ps. Herod. (vit. Hom. 9) erzählt, dass Homer in Neonteichos bei Kyme um des lieben Brotes willen seine Gedichte vorgelesen habe. Doch wie misslich es bei den Alten mit ihren Berichten gerade über die Persönlichkeit des Homer und über die ursprüngliche Vortragsweise seiner Gedichte bestellt ist, haben wir bereits an einer anderen Stelle hervorgehoben.

II. Rhapsoden.

1. Der recitierende Vortrag der Rhapsoden in der Panegyris an Stelle des Gesanges der Aöden.

Die Veränderung der politischen Verhältnisse.

Schon in der Ilias hören wir, dass einzelne aus dem Volke laut ihre Unzufriedenheit mit den bestehenden Einrichtungen kundzugeben wagten. Allein die Macht der von Zeus stammenden Fürsten in der heroischen Zeit war eine noch zu große, deren Ansehen bei der Masse ein noch zu hohes, als dass die Gegner der bestehenden Ordnung mit ihren aufrührerischen Reden festen Boden im Volke hätten gewinnen können. In der Regel schlugen die Versuche, die Stellung der Fürsten zu erschüttern, zum Verderben der Urheber aus. Thersites,[1]) der es unternimmt, in harten Worten gegen die Fürsten sich auszulassen, wird von Odysseus unter lautem Jubel des Volkes strenge bestraft. Zugleich bringt der Fürst die in der Homerischen Zeit allgemein herrschende Anschauung bezüglich der Staatsverfassung mit folgenden Worten zum Ausdruck:[2])

οὐκ ἀγαθὸν πολυκοιρανίη· εἷς κοίρανος ἔστω,
εἷς βασιλεύς, ᾧ δῶκε Κρόνου παῖς ἀγκυλομήτεω·

Doch war es den Königen nicht möglich, ihre Herrschaft über die Massen für die Dauer zu behaupten: denn wir finden, dass fast in allen griechischen Staaten allmählich das Königthum beseitigt wurde und an Stelle desselben die Aristokratie trat, bis schließlich in den meisten derselben nach heftigen inneren Kämpfen die Volksherrschaft (Demokratie) zum Durchbruche kam.

Die Panegyris, die Stätten für das Wirken der Aöden.

Diese so völlig veränderte politische Lage musste nothwendig auch auf die Stellung der Sänger einen Einfluss ausüben. Sie waren nach dem Verschwinden der Fürstenhöfe gezwungen, wollten sie nicht ihren Gesang einstellen und damit zugleich auch die herrlichsten Schöpfungen der Poesie dem sicheren Untergang verfallen lassen, andere Stätten für ihr Wirken aufzusuchen. Wie früher die Vornehmen aus verschiedenen feierlichen Anlässen am Hofe des Fürsten im Männersaale sich einfanden, wo zur Verschönerung des Festes der Gesang unter Begleitung der

[1]) B 225 ff. — [2]) B 204 ff.

Phorminx ertönte, so gab es jetzt innerhalb einer bestimmten Zeit regelmäßig wiederkehrende Feste, an welchen der gesammte Demos Antheil zu nehmen pflegte. Es waren dies hauptsächlich die Panegyris, die von den Griechen stets zahlreich besucht wurden. Hier vor dem gesammten Volke trugen die Sänger ihre Lieder vor, und das Volk brachte nicht minder als früher die Edlen denselben reges Interesse entgegen.

Der Wettkampf der Aöden in der Panegyris.

Jedoch hier wirkten die Aöden nicht mehr allein zur Verherrlichung des Festes, sondern sie mussten sich mit den Kitharisten, Flötenspielern, Declamatoren und anderen Künstlern in diese Aufgabe theilen. Da aber von den letzteren nicht einer, sondern mehrere auftraten und in ihrer Kunst miteinander wetteiferten, so mussten auch die Aöden diese Sitte annehmen.[3])

Die wahrscheinlichen Ursachen, warum die vorhandenen epischen Lieder neben den Homerischen Gesängen allmählich verschwanden.

Zwei Umstände scheinen damals besonders von maßgebendem Einflusse gewesen zu sein, dass die zahlreichen epischen Gesänge, welche an den Fürstenhöfen durch den Mund der Sänger Verbreitung gefunden hatten, immer mehr und mehr neben den Homerischen Epen in den Hintergrund traten, bis sie allmählich ganz in Vergessenheit geriethen. Da nämlich jetzt die Gelegenheit zum Vortrage eine seltenere geworden war, brauchte der Sänger für reiche Abwechslung in seinem Repertoire nicht in gleicher Weise Sorge zu tragen wie in der Homerischen Zeit, wo er am Fürstenhofe viel häufiger vor einem und demselben Zuhörerkreise sein Lied anstimmte. Dazu kam noch, dass der Sänger, falls er in den Wettkämpfen die Siegespalme erringen wollte, sich genöthigt sah, für seinen Gesang in der Panegyris die herrlichsten Producte der epischen Poesie auszuwählen. Auf solche Weise wird es erklärlich, warum von der Fülle der epischen Lieder nur die bedeutendsten Werke vor dem gänzlichen Untergange bewahrt blieben.

An Stelle des Gesanges trat die Recitation.

Bald erwies sich die übliche Vortragsweise der Aöden unzweckmäßig. Die Kitharödik hatte in ihrer Entwicklung

---

[3]) Vielleicht scheinen die Aöden seit dieser Zeit auch Arnoden genannt worden zu sein, eine Bezeichnung, welche Dionys von Argos (Schol. zu Pindar Nem. β' 1) den ältesten Rhapsoden beilegt. Derselbe erzählt nämlich, dass zu der Zeit, wo die Homerischen Gesänge in einzelnen Partien über ganz Hellas sich zu verbreiten anfiengen, als Preis für den Sieger in den Rhapsoden-Wettkämpfen ein Lamm ausgesetzt wurde, wovon die wetteifernden Rhapsoden den Namen ἀρνῳδοί bekamen. Diese wurden wegen der bunten Auswahl ihrer Gesänge beim Agon in Gegensatz zu den späteren Rhapsoden gebracht. Da jedoch bei den Alten die Aöden von den Rhapsoden nicht getrennt wurden, so könnte es immerhin möglich sein, dass unter diesem Namen die Aöden zu verstehen seien, welche in den Agonen als Preisbewerber auftraten. Anders Welcker (S. 338): er bringt ἀρνῳδός oder ἐρνῳδός mit ῥαβδῳδός in Verbindung und übersetzt es mit »Stabsänger«.

einen mächtigen Aufschwung genommen. Je mehr nun infolge dessen das Melos erblühte, desto größer wurde die Gefahr, dass die alte Vortragsweise mit ihrem kunstlosen und einfachen Spiel auf der Phorminx aus den Agonen verdrängt werden könnte. Daher blieb nichts anderes übrig, als entweder die epischen Vorträge der Kitharödik anzupassen oder die musikalische Begleitung gänzlich fallen zu lassen.

Dass ersteres auch versucht wurde, bezeugt eine Äußerung des Timachos bei Athenaios,[4]) nach welcher Stesandros von Samos kunstvolle Melodien zu einzelnen Gesängen Homers componiert und dieselben kitharödisch vorgetragen habe. Ähnliches berichtet auch Plutarch[5]) von Terpandros.

Doch scheinen diese Versuche nicht imstande gewesen zu sein, den Gesang für den epischen Vortrag aufrecht zu erhalten. Denn die Mehrzahl der Aöden ließ an Stelle des Gesanges, den die Phorminx zu begleiten pflegte, den einfachen recitativen Vortrag eintreten, welcher für die Hesiodischen Gedichte, wenn nicht gleich ursprünglich, so doch nicht lange nach ihrer Entstehung in Übung war. So wirkten verschiedene Ursachen zusammen, dass der Homerische Aöde im Laufe der Zeit verschwand und an seine Stelle der Rhapsode rückte, dessen Vortrag in bloßer Recitation bestand, und der deshalb auch das Spiel auf der Phorminx für überflüssig erachtete. Wie diese Veränderung allmählich vor sich gieng, und wann sie vollständig durchgeführt war, darüber suchen wir vergebens bei den Alten irgend eine Andeutung. Das darf aber nicht wundernehmen, da nach ihrer Ansicht der Gesang überhaupt beim epischen Vortrage ausgeschlossen war.

Der Stab, das Symbol des recitierenden Vortrages.

Die Veränderung der Vortragsweise wurde äußerlich dadurch angedeutet, dass der Stab (ῥάβδος) die Stelle der Phorminx einnahm. Der Stab fand schon bei Homer in den Volksversammlungen seine Verwendung und führte dort den Namen σκῆπτρον. Der Herold überreichte ihn jedesmal denjenigen von den Fürsten, welche als Redner auftreten wollten. Er kennzeichnet mithin den Fürsten, der ihn trug, als den Sprecher in der Versammlung. Auch der Rhapsode empfieng, wenn er mit seinem Vortrag an die Reihe kam, von seinem Vorgänger, den er ablöste, den Stab. Dieses äußere Zeichen schien bereits hinzuweisen, dass der Vortrag der Rhapsoden nicht im Gesange, sondern in der bloßen Recitation besteht. Der Stab, das Symbol des Redners, und die Recitation bilden also zur Phorminx und zum Gesange des Aöden den Gegensatz.

---

4) XIV, p. 620 c und 638 a — 5) De mus. 3 und 5.

Aus Ion[6]) erfahren wir, dass die Rhapsoden, mit einem goldenen Kranze und festlichem Kleide geschmückt, die Verse Homers in den Agonen vorgetragen haben. Über dieses Kleid, ἐσθὴς ποικίλη in Ion genannt, erhalten wir genaueren Aufschluss von Eustathios, welcher zu Ilias α p 6 schreibt: τὴν Ὁμηρικὴν ποίησιν οἱ ὕστερον ὑπεκρίνοντο δραματικώτερον. τὴν μὲν Ὀδύσσειαν ἐν ἁλουργοῖς ἐσθήμασι, τὴν δὲ Ἰλιάδα ἐν ἐρυθροβαφέσιν. ἐκεῖνο μὲν κατὰ τοὺς παλαιοὺς διὰ τὴν ἐν θαλάσσῃ πλάνην τοῦ Ὀδυσσέως. τοῦτο δὲ διὰ τοὺς ἐν Τροίᾳ φόνους καὶ τὰ ἐντεῦθεν αἵματα. Ob man diese Tracht auch den Rhapsoden der älteren Zeit zuschreiben darf, lässt sich nicht mehr bestimmen.

Der Stab war gleich von Anfang an bei den Rhapsoden im Gebrauch, und das Tragen desselben beim Vortrage wurde als etwas so Wesentliches betrachtet, dass bereits die Alten[7]) das Wort ῥαψῳδός aus ῥάβδος, wozu die Nebenform ῥαπίς gehört, und ᾠδή sich zusammengesetzt dachten, wonach es mit Stabsänger zu übersetzen wäre So erklärte auch Welcker[8]) ῥαψῳδός. Andere hingegen verwarfen diese Ableitung und führten mit Berufung auf Pindar,[9]) welcher die Homeriden ῥαπτῶν ἐπέων ἀοιδοί nennt, ῥαψῳδός auf ῥαπτὰ ἀείδων zurück. Die beste Erklärung scheint Heffter[10]) gegeben zu haben, der in dem ersten Bestandtheile des Compositums den Verbalbegriff ῥάπτειν findet, nach Analogie von ἐγερσίμαχος Ἀγησίλαος u. s. w. und demgemäß unter ῥαψῳδός denjenigen versteht, ὃς τὴν ἀοιδὴν τὰ ἔπεα ῥάπτει.[11]) Da Dichten und Singen in der ältesten Zeit identische Begriffe waren, so dass die einzelnen Theile der epischen Dichtung auch Lieder oder Gesänge genannt wurden, kann ῥαψῳδός nach dieser Ableitung entweder denjenigen bezeichnen, welcher, wie die Aöden oder Dichter, die Wörter zum Liede zusammenfügt, oder denjenigen, welcher die Verse schon bekannter Lieder im öffentlichen Vortrag aneinanderreiht, insofern er dieselben »in einem ununterbrochenen und fortlaufenden Strome recitiert.« Die letzte Erklärung entspricht vollkommen der Thätigkeit der Rhapsoden; denn dass sie selbst auch wie die Aöden die Gabe der Dichtkunst besessen und selbständige Dichtungen geschaffen hätten, dafür lassen sich schwer bestimmte Beweise bringen. Nur von einigen Rhapsoden hören wir,

---

[6]) Platon, Ion p. 535 D. — [7]) Pindar, Isth. ζ 66 und Hesiod Theog. v. 30. — [8]) S. 337 ff. — [9]) Nem. β' 1. — [10]) Zeitschrift für Alterthumswissenschaft 1843. Nr. 90. S. 718. — [11]) Für diese Erklärung scheint auch Hesiod fragm 227 zu sprechen: μέλπομεν ἐν νεαροῖς ὕμνοις ῥάψαντες ἀοιδήν. Christ (S. 51 A. 5) bemerkt, dass die Betonung auffallend erscheine, die eher auf den Begriff ῥαπτὰ ἀείδων schließen ließe. Indes dürfte, wie er vermuthet, hier die vermeintliche Gleichheit mit αὐλῳδός, κιθαρῳδός etc. zur Betonung der Endsilbe geführt haben.

dass sie einzelne Verse und kleinere Gedichte im Geiste Homers abgefasst und dieselben den Homerischen Gedichten eingeschaltet haben.[12])

Die Bedeutung des Wortes Ὁμηρίδαι.

Die Recitation epischer Gesänge bildete die Hauptbeschäftigung der Rhapsoden in der ersten Zeit. Vor allem waren es die Homerischen Gesänge, welche gleich vom Anfange mit großer Vorliebe in den Kreis der rhapsodischen Vorträge aufgenommen wurden. Diejenigen nun von den Rhapsoden, welche sich bloß auf Homer bei ihren Declamationen beschränkten, wurden schon bei Pindar[13]) Homeriden genannt, eine Bezeichnung, die man später auch den Erklärern und Lobrednern Homers vielfach beilegte.[14])

Die Annahme, es seien Rhapsodeninnungen vorhanden gewesen und die vorgetragenen Gesänge in sachlichem Zusammenhange gestanden, nicht wahrscheinlich.

Die Nachrichten über die Thätigkeit der Rhapsoden in der älteren Zeit fließen äußerst dürftig; weder wird uns überliefert, welches Verfahren die einzelnen Rhapsoden bei der Auswahl ihrer Stücke für die Agonen eingeschlagen haben, noch in welcher Beziehung sie zueinander gestanden sind. Seit dem Erscheinen der bahnbrechenden Wolfschen Prologomena ad Homerum wurde zwar vielfach die Ansicht aufgestellt und zu begründen gesucht, die einzelnen Rhapsoden seien gleich anfangs darauf bedacht gewesen, dass alle in den Agonen vorgetragenen epischen Gesänge wenigstens sachlich zusammenhängen. Diese Ansicht wird hauptsächlich durch die Annahme von Rhapsodenschulen oder Rhapsodeninnungen gestützt. Wie gegen Ende des Mittelalters der Meistergesang in den zunftmäßig eingerichteten Singschulen des südlichen und mittleren Deutschlands seine Pflege und Ausbildung gefunden hatte, in ähnlicher Weise dachte man sich in den Städten Joniens und auf den benachbarten Inseln Rhapsodenschulen und Rhapsodeninnungen, in welchen sowohl für die Erhaltung der Homerischen Gedichte als auch für deren kunstgemäßen Vortrag Sorge getragen wurde. Wenn wirklich die Existenz solcher Innungen in einzelnen Städten nachweisbar wäre, dann würde auch die Annahme nicht gar so unwahrscheinlich klingen, dass es den Mitgliedern dieser Rhapsodeninnungen zur Pflicht gemacht wurde, in den Agonen mit ihren Declamationen dort zu beginnen, wo jedesmal der Vorgänger geendet hat, so dass die recitierten Gesänge ein zusammenhängendes Ganze aus den Homerischen Epen bildeten. Doch wir finden weder Spuren von solchen Innungen in der Tradition, noch sind wir berechtigt, aus dem Leben

---

[12]) Schol. zu Pindar Nem. β 1: ἐπιφανεῖς δὲ ἐγένοντο οἱ περὶ Κύναιθον, οὕς φασι πολλὰ τῶν ἐπῶν ποιήσαντας ἐμβαλεῖν εἰς τὴν Ὁμήρου ποίησιν. — [13]) Nem. β 1. — [14]) Platon de rep. X p. 599 E. Ion p. 530 D.

und Wirken der späteren Rhapsoden besonders der athenischen, über welche wir aus attischen Schriftstellern genauere Kunde erhalten, auf das Vorhandensein solcher Rhapsodenzünfte in der ersten Zeit zu schließen.*)

In Athen, wo schon frühzeitig wegen der vielen mit musischen Agonen verbundenen Feste ein großer Zuzug von Rhapsoden stattgefunden haben dürfte, wäre die Gründung derartiger Rhapsodenvereine nach dem Muster anderer Städte gewiss nicht unterblieben. Sobald aber einmal ein solcher Verein ins Leben gerufen worden wäre, hätte er sicher noch zu Platons Zeiten bestanden. Denn mit dem zunehmenden Einflusse Athens auf geistigem Gebiete hätte ohne Zweifel dieser Verein ein solches Ansehen in Griechenland erreichen müssen, dass die einzelnen Mitglieder desselben im Wettkampfe mit Rhapsoden anderer Städte nicht leicht der Siegespalme verlustig gegangen wären. Das Interesse der einzelnen attischen Rhapsoden hätte es also schon verlangt, dass sie diese bestehende Vereinigung aufrecht erhielten.

Doch für Platons Zeit müssen wir einen solchen Rhapsodenverein als ausgeschlossen betrachten; denn sonst hätte Platon es nicht unterlassen, in dem Dialoge, in welchem der Rhapsode Ion die Hauptperson ist, desselben Erwähnung zu thun. Dass aber auch in früherer Zeit die Rhapsoden untereinander zu Athen keine Verbindung eingegangen hatten, scheint die Anordnung des Solon für den Vortrag der Homerischen Gesänge zu zeigen; denn diese setzt voraus, dass die Rhapsoden bei der Auswahl ihrer Gesänge ganz willkürlich verfahren sind.

2. Die Verbreitung der Rhapsoden und die kunstmäßige Ausbildung des Vortrages.

Kleinasien.

Wie der trojanische Krieg, der für das Epos so reichlichen Stoff geliefert hatte, an der nördlichen Küste Kleinasiens sich abspielte, so dürften auch die ältesten Stätten für die Pflege der epischen Poesie an dieser Küste sowie auf den benachbarten Inseln zu suchen sein. Von diesen Gegenden scheinen zuerst die Aöden, später die Rhapsoden in die übrigen Theile der griechischen Welt sich verbreitet und daselbst durch ihre Vorträge den Homerischen Gesängen Eingang verschafft zu haben.

Das Homeridengeschlecht auf Chios.

Auf Chios wohnte ein Geschlecht, Homeriden genannt, welches sich rühmte, von Homer abzu-

*) Am entschiedendsten bekämpft die von Wolf aufgestellte Annahme von Rhapsodenschulen Volkmann. Derselbe schreibt (S. 286): »Dass uns von ihrem Vorhandensein auch nicht das allermindeste überliefert ist, darf uns in der That nicht wundernehmen. Solche Schulen hat es nicht gegeben und konnte es nicht geben, denn genau besehen, sind sie geradezu undenkbar.«

Die verschiedenen Ansichten über dieses Geschlecht.

stammen. Die Ansichten über dieses Homeridengeschlecht gehen unter den neueren Forschern weit auseinander. Während die einen darin eine poetische Genossenschaft oder eine Zunft erblicken, welche den Vortrag der Homerischen Epen, vor allem der Ilias,[15]) gepflegt und deshalb diese Bezeichnung sich beigelegt habe, denken wieder andere an ein bürgerliches Geschlecht, welches seine Abstammung von Homer abgeleitet, denselben als Heros Eponymos verehrt und ihm gentilische Opfer dargebracht habe.[16])

Die Überlieferung des Alterthums.

Von den alten Überlieferungen, die in Betracht kommen, ist besonders der Bericht des Harpokration erwähnenswert.[17]) Wir lesen dort, dass die Homeriden auf Chios nach den Zeugnissen des Akusilaos, Helanikos und Krates ihren Namen von Homer haben. Seleukos im 2. Buche seiner Lebensbeschreibung bestreitet des Krates Ansicht und behauptet, dass sie den Namen von ὅμηροι (Geisel) erhalten hätten. Zur Begründung hievon erzählt er folgendes Ereignis: die Weiber auf Chios seien einmal bei einem Dionysosfeste rasend geworden und hätten mit den Männern Krieg angefangen. Nachdem sie aber einander Bräute und Bräutigame als Geisel gegeben hätten, habe der Krieg ein Ende genommen, die Nachkommen dieser aber seien ὅμηροι genannt worden.*) Auch nach Suidas[18]) und Strabon[19]) sind die Homeriden auf Chios Nachkommen des Homer. Aber weder von diesen noch von anderen Schriftstellern, welche von den Homeriden auf Chios sprechen, erhalten wir irgendwo eine Andeutung, dass das Geschlecht ein besonderes Ansehen wegen seiner Beschäftigung mit der Homerischen Poesie genossen habe.

Erklärung der Scholiastenstelle.

Nur der Scholiast zu Pindar berichtet, dass die Homeriden Homers Dichtung vorgetragen haben. Derselbe macht zu Nem. β' 1: ὅθεν περ καὶ Ὁμηρίδαι ῥαπτῶν ἐπέων τὰ πόλλ' ἀοιδοὶ ἄρχονται folgende Bemerkung: Ὁμηρίδας ἔλεγον τὸ μὲν ἀρχαῖον τοὺς ἀπὸ τοῦ Ὁμήρου γένους, οἳ καὶ τὴν ποίησιν αὐτοῦ ἐκ διαδοχῆς ᾖδον· μετὰ δὲ ταῦτα καὶ οἱ ῥαψῳδοὶ οὐκέτι τὸ γένος εἰς Ὅμηρον ἀνάγοντες· ἐπιφανεῖς δὲ ἐγένοντο οἱ περὶ Κύναιθον, οὕς φασι πολλὰ τῶν ἐπῶν ποιήσαντας ἐμβαλεῖν εἰς τὴν Ὁμήρου ποίησιν· ἦν δὲ ὁ Κύναιθος Χῖος, ὃς καὶ τῶν ἐπιγραφομένων Ὁμήρου ποιημάτων τὸν

---

[15]) So Lauer (Geschichte der Homerischen Poesie, S. 277), welcher in den Homeriden auf Chios eine Zunft erblickt, die mit der Ilias sich beschäftigte, im Gegensatz zu den Kreophyliern, welche als Bewahrer der Odyssee sich betrachteten. Doch diese Behauptung entbehrt jeder historischen Grundlage. — [16]) Die verschiedenen Ansichten über die Homeriden führt Bernhardy S. 324 ff. an. — [17]) Ὁμηρίδαι· γένος ἐν Χίῳ, ὅπερ Ἀκουσίλαος ἐν γ', Ἑλλάνικος ἐν τῇ Ἀτλαντίδι ἀπὸ τοῦ ποιητοῦ φησιν ὠνομάσθαι. — *) Diesen Bericht lesen wir bei Harpokration. Eine ähnliche Notiz bringt auch Suidas, jedoch ohne Hinweis auf die Quelle, aus der sie stammt. — [18]) Unter Ὁμηρίδαι. — [19]) XIV p. 645.

εἰς Ἀπόλλωνα γεγραμμένον ὕμνον λέγεται πεποιηκέναι· οὗτος οὖν ὁ Κύναιθος πρῶτος ἐν Συρακούσαις ἐρραψῴδησε τὰ Ὁμήρου ἔπη κατὰ τὴν ἑξηκοστὴν ἐνάτην Ὀλυμπιάδα, ὡς Ἱππόστρατός φησιν. Pindars Stelle selbst beweist nichts; denn wie die Erklärung des Wortes zeigt, war bei Pindar Ὁμηρίδαι bloß eine andere Bezeichnung für ῥαψῳδοί. So scheint auch der Scholiast diese Stelle aufgefasst zu haben; denn die Homeriden im Sinne der späteren Rhapsoden unterscheidet er von den Homeriden, welche als Nachkommen des Homer betrachtet werden. Da aber nirgends außer in Chios ein derartiges Homeridengeschlecht nachweisbar ist, so dürfte es wohl nicht gerechtfertigt erscheinen, mit Volkmann*) die Identität der Homeriden des Pindar'schen Scholion mit den Homeriden auf Chios bloß deshalb in Zweifel zu ziehen, weil hier nicht angegeben sei, dass dieses Geschlecht auf Chios wohne.

Von ihrem Vortrage heißt es, dass sie ἐκ διαδοχῆς ᾖδον· ἐκ διαδοχῆς erklärt Thiersch,[20]) »der Reihe nach, indem einer den anderen ablöst, nach Art der späteren Rhapsoden«. Indessen hätten die alten Homeriden bereits diese Art des Vortrages beobachtet, so hätte sich wahrscheinlich mit der Verbreitung der Rhapsoden in die übrigen Theile Griechenlands auch diese Sitte erhalten, und es wäre die spätere Anordnung Solons gänzlich überflüssig gewesen. Richtiger scheint daher die Erklärung[21]) zu sein: »Sie trugen die Gesänge in der Geschlechtsfolge, d. h. von Geschlecht zu Geschlecht vor, so dass der Besitz der Homerischen Poesie sowie der Vortrag derselben in dem Homeridengeschlechte auf Chios von einer Generation auf die andere sich vererbt hat.«

Welche Ansicht dürfte den Berichten des Alterthums am meisten entsprechen.

Da nach der fast einstimmigen Tradition des Alterthums die Homeriden ein bürgerliches Geschlecht waren, welches in Homer seinen Ahnherrn erblickte, so dürfte dieser schon frühzeitig als Heros Eponymos eine besondere Verehrung innerhalb dieses Geschlechtes genossen haben. Ob bei der großen Bedeutung des Dichters dieses ursprünglich gentilische Fest zu einem öffentlichen in Chios umgestaltet wurde, lässt sich aus den Quellen nicht mehr ermitteln.

Einen wesentlichen Bestandtheil dieser Feier, mag sie nun eine Familien- oder eine öffentliche Feier gewesen sein, dürfte wohl auch der Vortrag einiger Homerischer Gedichte gebildet haben, welche sich auf dem Wege der mündlichen Überlieferung fortpflanzten. Dieser Vortrag hieng mit dem Cultus so eng zusammen, dass die Mit-

*) S. 262. — [20]) S. 107. — [21]) So fasst bereits Dresig ἐκ διαδοχῆς auf. Er schreibt (p. 35): atque hos Homeridas per successionem ab Homero quasi hereditate acceptam ipsius carmina recitasse clarissime docent scholia Pindari. Dieser Erklärung stimmen auch Volkmann, Nitzsch und Welcker bei.

glieder der Familie aller Wahrscheinlichkeit nach bei der Darbringung der Opfer zu Ehren ihres Stammheros jedesmal auch einige seiner Lieder gesungen haben. Da aber der Cultus mit seinem Ursprung ins hohe Alterthum hinaufreicht, so müssen wir für den Vortrag den damals üblichen Gesang voraussetzen, welcher auch in der späteren Zeit nicht aufgegeben wurde, als bereits die Declamation der epischen Gedichte den kitharödischen Vortrag der Aöden verdrängt hatte, entsprechend der Natur des Cultus, bei dem man aus religiöser Scheu oft selbst die geringfügigste Änderung hintanzuhalten suchte.

Die Mitglieder dieses Geschlechtes beschränkten also den Vortrag der unter ihnen mündlich sich fortpflanzenden Lieder auf das Fest, welches sie in Chios zu Ehren ihres Stammheros begiengen, so dass die Verbreitung des Homerischen Epos in anderen Städten durch ihre Thätigkeit ausgeschlossen war. Als später das Interesse für den gesangsartigen Vortrag epischer Lieder beim Volke zu schwinden begann und die Declamation der Rhapsoden allmählich die Oberhand erlangte, dürften die Homeriden mit ihrem alterthümlichen Vortrage, den sie im Cultus beibehalten mussten, auch in Chios vollständig in den Hintergrund gedrängt worden sein. Daher ist es erklärlich, warum die Tradition die Beschäftigung derselben mit dem Vortrage Homerischer Gedichte unberücksichtigt ließ und auch der Scholiast dieselbe nur mit wenigen Worten streifte.

Den berühmten Rhapsoden Kynaithos nennt er zwar einen Chier; denselben aber unter die eigentlichen Homeriden auf Chios einzureihen, zwingt uns die angeführte Stelle keineswegs.[22]) Nach Hippostratos soll derselbe die Werke Homers κατὰ τὴν ἑξηκοστὴν ἐνάτην Ὀλυμπιάδα zuerst zu Syrakus rhapsodiert haben. Die Olympiadenzahl ist offenbar verderbt, und es dürfte wohl schwer mehr gelingen, die Zeit der Thätigkeit des Rhapsoden zu Syrakus mit Sicherheit zu bestimmen; denn die Veränderungen einerseits von Welcker[23]) in ἕκτην ἢ τὴν ἐνάτην, andererseits von Düntzer[24]) in εἰκοστὴν ἐνάτην können wenig Anspruch auf Glaubwürdigkeit erheben.

Der Rhapsode Kynaithos.

Die auf uns gekommenen Nachrichten über die Homeriden sind also durchaus nicht derart, dass sie zur Annahme von Rhapsodenschulen berechtigen, welche für

Die Annahme einer Rhapsodenschule nicht begründet.

[22]) Nach Volkmann (S. 290) unterscheidet der Scholiast bestimmt die alten Homeriden, die Nachkommen Homers, welche die in ihrem Besitze sich forterbenden Gedichte vortrugen, ohne Rhapsoden zu sein, von den späteren Rhapsoden, welche in keiner persönlichen Beziehung mehr zu Homer standen. Kynaithos wird als einer der berühmtesten unter den letzteren hervorgehoben, ohne aber mit den Homeriden etwas zu thun zu haben. — [23]) S. 227 ff. — [24]) Homer und der ep. Cyklus S. 10.

den Vortrag der Homerischen Gesänge eine segensreiche Thätigkeit entfalteten:*) denn die Homeriden wurden für ein bürgerliches, von Homer abstammendes Geschlecht gehalten, welches mit dem Cultus, der dem Dichter innerhalb der Familie erwiesen wurde, schon frühzeitig auch den Vortrag seiner Gesänge verbunden zu haben schien. Diese Vorträge, welche allmählich ein wesentlicher Bestandtheil des Cultus wurden, hatten niemals auf die Fortpflanzung und Verbreitung der Homerischen Gesänge Einfluss ausgeübt. Dagegen aber dürften die Rhapsodenvorträge in Chios schon in ältester Zeit einer großen Beliebtheit sich erfreut haben, so dass die Stadt stets eine große Zahl von Rhapsoden beherbergte. Manche von ihnen mögen wohl nach dem Beispiele des Kynaithos in die entferntesten Gegenden gewandert sein und den dort wohnenden Griechen durch ihre Vorträge die Kenntnis der Homerischen Poesie übermittelt haben.

Eine zweite Stätte, wo die Gesänge unseres Dichters frühzeitig Verbreitung gefunden hatten, ist das benachbarte Samos. Auf dieser Insel soll Kreophylos, der Freund und Verwandte des Dichters, geboren sein. Von ihm erzählte Strabon,[25]) dass er Homer in seinem Hause gastlich aufgenommen und als Lohn für die gastliche Bewirtung von demselben Οἰχαλίας ἅλωσις empfangen habe. Nach anderen alten Überlieferungen[26]) wird er der Schwiegersohn Homers genannt, welcher ihm als Aussteuer seiner Tochter dieses obenbezeichnete kyklische Gedicht mit der Erlaubnis geschenkt habe, vor dasselbe seinen Namen setzen zu dürfen. Plutarch[27]) kennt sogar eine alte Überlieferung, nach welcher Lykurg Samos aufgesucht, dort die ganze Poesie Homers von einem Exemplar des Kreophylos abgeschrieben und nach Griechenland gebracht habe.

Diese Berichte, die sich jedenfalls auf die dort herrschenden Localsagen stützen, berechtigen aber ebensowenig, den Kreophylos zum Gründer einer Rhapsodenschule in Samos zu machen, wie Homer in Chios wegen des dort vorhandenen Homeridengeschlechtes als Haupt

*) Ganz richtig argumentiert Nutzhorn S. 69: »Hätte der Grammatiker Seleukos etwas davon gewusst, dass das Geschlecht sich besonders mit Homerischer Poesie beschäftigte, dann hätte er nicht die Etymologie aufstellen können, wonach er den Namen dieses Geschlechtes als Nachkommen von Geiseln bezeichnete.« In ähnlicher Weise äußert sich Volkmann (S. 268). Gegen das Vorhandensein einer Dichter- oder Sängerschule spricht sich auch Platon (de rep. X, p. 600 B) aus. Derselbe erwähnt ausdrücklich, dass Homer keine Schüler hinterlassen und überhaupt in keiner Weise praktisch auf seine Zeitgenossen eingewirkt habe. — [25]) XIV, p. 638. — [26]) Ael. V. H. XIII, 14. — [27]) Lykurg 4.

der dortigen Rhapsoden zu bezeichnen, sondern lassen bloß die Vermuthung zu, dass die epische Poesie unmittelbar nach der Entstehung der Homerischen Gedichte in Samos eine hohe Blüte erreicht habe und manches damals berühmte epische Gedicht samischen Ursprunges gewesen sei. Darum wird in der Tradition der Samier Kreophylos Schwiegersohn des Homer genannt und erhält von diesem zur Aussteuer die oben erwähnte Dichtung. Falls wir die Plutarchische Überlieferung nicht für eine spätere Erfindung[28]) ansehen, um dem Lykurg in Sparta eine ähnliche Rolle wie dem Solon in Athen in Bezug auf Homer zuweisen zu können, so ergibt sich daraus wenigstens die eine Thatsache, dass die beiden Epen des Dichters von Samos aus nach Sparta verpflanzt worden seien.

Andere Städte und Inseln, wo Rhapsodenwettkämpfe stattfanden.

Von den anderen Städten und Inseln, wo die Rhapsodenwettkämpfe frühzeitig sich eingebürgert haben und die Homerischen Gedichte recitiert wurden, sind besonders hervorzuheben Kolophon, Milet, Smyrna, Halikarnassos, Jos, Kypros Prokonnesos etc.

Dass im VI. Jahrhundert die Zahl der Rhapsoden nicht unbedeutend und ihr Einfluss, den sie durch ihre Vorträge ausübten, ein großer gewesen sein muss, dies beweist das feindselige Auftreten der damaligen Philosophen nicht bloß gegen die Homerischen Gedichte, sondern auch gegen die Verbreiter derselben, die Rhapsoden Herakleitos aus Ephesos soll nach Diog. Laert.[29]) auf Homer und die Rhapsoden so erbittert gewesen sein, dass er es am liebsten gesehen hätte, wenn die Diener der Festpolizei die Rhapsoden, welche Homer vortrugen, aus den Agonen vertrieben hätten. Desgleichen wies nach der Überlieferung des Plutarch[30]) der König Hieron die vielen Angriffe des Philosophen Xenophanes aus Kolophon auf Homer und dessen Bewunderer mit den Worten zurück, dass dem Dichter, welchen er schmähe, mehr als 10.000 den Lebensunterhalt verdanken.

Europa.

Wie die Erhaltung der Homerischen Gedichte und deren Verbreitung die Rhapsoden durch ihren Vortrag in den Festversammlungen Kleinasiens besorgt haben, in ähnlicher Weise dürften auch in den größeren Städten des europäischen Griechenlands schon frühzeitig Rhapsodenvorträge zur Verherrlichung der bedeutenderen Feste in Übung gewesen sein.

---

[28]) Wilamowitz (Homerische Untersuchungen, S. 251) nennt diese Nachricht des Plutarch eine erdichtete Dublette der Solonlegende. — [29]) IX. I. τόν θ' Ὅμηρον ἔφασκεν, ἄξιον ἐκ τῶν ἀγώνων ἐκβάλλεσθαι καὶ ῥαπίζεσθαι. — [30]) Sprüche des Königs Hieron 4.

Nach alten Traditionen soll Homer in Sparta zur Zeit des Lykurg Eingang gefunden haben. Plutarch erzählt in der früher bezeichneten Schrift, dass Lykurg eine vollständige Abschrift Homers in sein Vaterland brachte.[31]) Wenn wirklich durch Lykurgs Bemühung einzelne Theile der Homerischen Gedichte bei den Spartanern bekannt wurden, so konnte dies nicht durch die Schrift, sondern nur durch die Rhapsodenvorträge möglich gewesen sein. Offenbar hatte Lykurg aus Samos oder einer anderen Stadt Joniens, wo die epische Recitation in den Agonen einer großen Beliebtheit sich erfreute, Rhapsoden nach Sparta berufen, damit seine Mitbürger durch das Anhören der Homerischen Gesänge für die Tugenden der Helden begeistert werden. Er selbst war eben damit beschäftigt, dem damals in Uneinigkeit und Verwirrung krankenden Gemeinwesen eine neue Verfassung zu geben, durch welche das Fortbestehen des Staates in ungeschwächter und seinen Widersachern überlegener Kraft für immer gesichert sein sollte. Vielleicht hatte er den Rhapsoden dabei die Aufgabe zugewiesen, durch entsprechende Vorträge aus Homer bei seinen Mitbürgern das Verlangen nach einem geordneten Staatswesen wachzurufen und so allmählich den Boden für die Aufnahme seiner Gesetze vorzubereiten.

Jedenfalls wäre dies in Sparta nicht der einzige Fall, dass dichterische Vorträge politischen Zwecken gedient haben. So hören wir zur Zeit des zweiten messenischen Krieges von Tyrtaios, dass er mit seinen Liedern beabsichtigt habe, einerseits die Zwistigkeiten unter den Lacedämoniern zu beseitigen,[32]) andererseits dieselben zur Tapferkeit im Kriege zu entflammen.[33])

Wenn nun die Rhapsoden auch aus derartigen politischen Gründen nach Sparta gekommen sind, so bleibt es überhaupt fraglich, ob sie mit ihren Vorträgen zu den großen Festen zugelassen wurden. Bildeten aber ihre Recitationen keinen wesentlichen Bestandtheil der Feste, so konnten sie für die Dauer in Sparta nicht Bestand haben. Sobald eben die Lykurgischen Gesetze sich völlig eingelebt hatten, war für die Machthaber das Interesse geschwunden, derartige Vorträge noch weiter zu begünstigen, so dass dieselben nach und nach aufhören mussten. Indessen nicht wenige Verse, welche sowohl durch die Schönheit ihrer Form als auch durch die Tiefe ihrer Gedanken

[31]) Ähnliches berichten Ephoros bei Strabon, p. 482, Herakleides Pontikos περὶ πολιτειῶν, Fragm. 2 und Dio Chrys. I, p. 87. — [32]) Εὐνομία. — [33]) Ὑποθῆκαι. Daher schreibt Horatius (ars poet. v. 402):

Tyrtaeusque mares animos in Martia bella
Versibus exacuit.

sich auszeichneten, dürften wohl aus jener Zeit her in der Erinnerung des Volkes geblieben sein. Damit steht jetzt durchaus nicht die Notiz des Maximus Tyrius[34]) in Widerspruch, dass die Rhapsodenvorträge erst spät in Sparta aufgekommen sind.

In Sikyon muss das Auftreten der Rhapsoden zur Zeit des Tyrannen Kleisthenes bereits herrschende Sitte gewesen sein; denn Herodot (V, 67) erzählt, dass der Tyrann bei einem Kriege mit Argos den Rhapsoden in Sikyon verboten habe, die Homerischen Gesänge an den Agonen zu recitieren, weil in denselben gar zu häufig Argos und die Argeer verherrlicht würden. Sikyon.

Einer der kühnsten Recken vor Troja ist unstreitbar Diomedes. Der Dichter stellt ihn während der Abwesenheit des Achilleus vom Kampfe als den muthigsten und trefflichsten von allen hin, sowohl in der Schlacht als im Rathe, der in seinem kriegerischen Eifer selbst Götter anzugreifen sich nicht scheut. Schon dieser Umstand lässt darauf schließen, dass bei den Argeern Homer in großem Ansehen stand, und dass man den Vorträgen seiner Gedichte, besonders jener Rhapsodie, in welcher nur Heldenthaten des Diomedes besungen wurden, nicht ungern lauschte. Jene Behauptung bestätigt auch theilweise Älian,[35]) der erzählt, dass die Argeer Homer vor allen anderen Dichtern geschätzt und zu seinem fünfjährigen Opferfeste auf Chios eine sogenannte Theorie gesandt haben. Über den Ursprung dieses Opferfestes zu Ehren des Dichterheros finden wir zwar keine nähere Angabe, aber es ist immerhin die Frage nicht ganz unberechtigt, ob dasselbe nicht mit dem Opfer der Homeriden auf Chios zu Ehren ihres Stammheros identisch gewesen sei. Argos.

Wie die Homerischen Gesänge von Samos aus nach Sparta verpflanzt wurden, in ähnlicher Weise soll den Athenern Homer von Kleinasien her übermittelt worden sein. Smyrna bezeichnet Älian[36]) als diejenige Stadt, welcher die Athener ihre erste Bekanntschaft mit Homer verdanken. Bei dem regen Interesse, welches das athenische Volk den dichterischen Schöpfungen jeder Zeit entgegenbrachte, müssen wir voraussetzen, dass die Rhapsoden mit ihren Vorträgen gleich anfangs an den Athenern ein recht dankbares Publicum hatten, und dass daher nicht gerade die unbedeutendsten in ihre Stadt gezogen sind, um dort bei den zahlreichen öffentlichen Festen durch ihre Kunst zu glänzen. Wenigstens zu Solons Zeiten bildeten derartige Vorträge bereits einen Bestandtheil bei einzelnen Agonen. Athen.

---

[34]) XXIII, 5. — [35]) V. H. IX, 15. — [36]) V. H. XIII, 14.

In welcher Weise kann man sich den Unterricht der Rhapsoden denken?

Da weder in Kleinasien noch in Europa Rhapsodenschulen, wie wir gesehen haben, nachweisbar sind, in welchen entweder für die Erhaltung der epischen Gedichte in ihrer ursprünglichen Form Sorge getragen oder Rhapsoden für den Vortrag derselben herangebildet worden seien, so mussten diese Aufgabe die einzelnen Rhapsoden in den verschiedenen Städten selbst übernehmen, falls das Fortbestehen ihrer Kunst nicht gefährdet werden sollte. Die Zeit, in welcher die Rhapsoden zur Verherrlichung der Feste weder in ihrer Vaterstadt noch in den umliegenden Städten beansprucht wurden, dürften manche unter ihnen mit dem Unterrichte ausgefüllt haben. Dabei werden sie wohl besonders darauf bedacht gewesen sein, die Geisteskräfte derjenigen Schüler sorgfältig auszubilden, in welchen sie Fähigkeit und Neigung für den Vortrag epischer Gedichte zu bemerken glaubten, ohne aber deswegen nach Analogie späterer Philosophen eigene Rhapsodenschulen zu stiften. Dieser Unterricht dürfte in der ersten Zeit, wo die Schrift noch wenig oder gar keine Verbreitung hatte, hauptsächlich in dem Declamieren der einzelnen Gesänge seitens der Rhapsoden bestanden sein. Die ganze Thätigkeit derselben beschränkte sich also darauf, diejenigen Gedichte, die sie auswendig wussten, durch unablässiges Vorsprechen ihren Schülern bis zur unfehlbaren Geläufigkeit einzuprägen. Sobald aber der Gebrauch der Schrift ein allgemeiner wurde, unterliegt es keinem Zweifel, dass sie ihre Gesänge schriftlich aufzeichneten und diese dann ihren Schülern zur Abschrift übergaben. Auf diese Weise wurden sie der Mühe des oftmaligen Recitierens überhoben. Jetzt dürfte daher der Unterricht viel kürzere Zeit in Anspruch genommen haben; denn es genügte, wenn sie ihren Schülern einerseits eine Anleitung zum guten, kunstgemäßen Vortrage gaben, andererseits ihnen Winke und Rathschläge ertheilten, um ihre Gedächtniskraft zu stärken. Auf diese Weise konnten immerhin die Rhapsoden bald eine größere, bald eine geringere Zahl von Schülern haben, die sie zu Gehilfen ihrer Kunst heranbildeten; aber damit werden wir noch lange nicht gezwungen, eigentliche Rhapsodenschulen zur Erhaltung und Fortpflanzung der Homerischen Gesänge vorauszusetzen.

Viele Rhapsoden begnügten sich mit dem Vortrage bestimmter Rhapsodien.

Haben schon die Aöden aus den früher angeführten Gründen immer mehr und mehr auf den Vortrag der Homerischen Gesänge sich beschränkt, so werden wohl die meisten der Rhapsoden mit einzelnen Rhapsodien jener umfangreichen Epen sich begnügt haben, da sie gar bald erkennen mussten, dass für die Wettkämpfe einzelne Theile der Epen vollständig hinreichten. Nur wenige unter ihnen dürfte es gegeben haben, welche die Mühe nicht scheuten, das Epos in ihrem ganzen Umfange dem Gedächtnisse einzuprägen, um stets jeden beliebigen Theil desselben vortragen zu können.

Da nun die Mehrzahl der Rhapsoden nicht den ganzen Homer, sondern nur einzelne Theile desselben im Gedächtnisse hatte, konnten auch ihre Schüler durch den Unterricht nur in den Besitz einzelner, oft nicht einmal zusammenhängender Rhapsodien gelangen. Nicht anders mag es bei den Rhapsodenwettkämpfen zugegangen sein. Der Rhapsode wählte in seinem Streben, den Sieg zu erringen, unbekümmert um seine Mitbewerber, offenbar dasjenige Stück aus, von dessen Vortrage er sich den größten Erfolg versprach. Darum kann man mit einem ziemlichen Grade von Wahrscheinlichkeit behaupten, dass es den Rhapsoden allmählich ganz gleichgiltig wurde, ob die Stücke, die sie im Wettkampfe gegeneinander zum Vortrage brachten, im Zusammenhange standen oder nicht.

Die Gefahr für den einheitlichen Charakter des Epos.

So konnten theils durch den Unterricht, theils durch die Recitationen bei den Festen wohl die einzelnen Gesänge jahrhundertelang erhalten bleiben, aber das Bewusstsein, dass die Rhapsodien, in bestimmter Ordnung untereinander verbunden, ein einheitliches großes Epos bilden, musste bei den Rhapsoden wie bei den Zuhörern durch diese Art des Vortrages mit der Zeit verloren gehen.

Die Versuche in Athen, das Epos in seiner ursprünglichen Form wiederherzustellen. Die Bestimmung des Solon.

Um daher dieser Unsitte des zusammenhangslosen Vortrages zu steuern und die Auflösung des Epos in einzelne Rhapsodien hintanzuhalten, erließ Solon die Verordnung,[37] dass die Rhapsoden die Homerischen Gedichte am Feste der Panathenaeen nach einer gewissen Ordnung vortragen sollten, so dass der folgende immer da beginne, wo der Vorgänger aufgehört habe.

Da die Homerischen Gesänge jahrhundertelang größtentheils auf mündlichem Wege zuerst durch den gesangartigen Vortrag der Aöden, dann durch die Recitation der Rhapsoden fortgepflanzt wurden, konnte es nicht ausbleiben, dass sie im Laufe der Zeit vielfache Änderungen erlitten, sei es, dass die Sänger einige Partien durch Zusätze erweiterten und dieselben gleichfalls als Homerisch vortrugen, sei es, dass sie meinten, diesen oder jenen Homerischen Vers durch einen besseren und für den Vortrag wirksameren ersetzen zu können. Dies war um so leichter möglich, da die Aöden, wie aller Wahrscheinlichkeit nach auch die Rhapsoden der früheren Zeit, der Dichtkunst nicht fremd gegenüberstanden. Wenigstens erwähnt der Scholiast zu Pindar[38]) von derartigen Einschaltungen

---

37) Diog. Laert. I, 57. — 38) Nem. 2, 1.

und Zudichtungen. Diesen vielfachen Abweichungen, die sich beim Vortrage der Rhapsoden bemerkbar machten, setzte Peisistratos[39]) ein Ende, indem er die zerstreuten Lieder sammeln und ordnen ließ. Da aber eine bestimmte Reihenfolge für die Vorträge bereits Solon bestimmt hatte, so dürfte bei dieser Sammlung und Ordnung der Schwerpunkt in der schriftlichen Aufzeichnung und in der Ausscheidung der unter dem Namen des Homer vorgetragenen Verse zu suchen sein.

Die Rhapsoden scheinen aber auch jetzt noch die Lieder in der Fassung, wie sie dieselben ihrem Gedächtnisse eingeprägt hatten, ohne Rücksicht auf den revidierten Text zum Vortrage gebracht zu haben, bis schließlich Hipparchos[40]) bestimmte, dass die von Peisistratos getroffene Ordnung sowie der von ihm festgesetzte Text bei den Recitationen an den Festen zugrunde gelegt werde. Durch diese Verordnung des Hipparchos wurde der Willkür in der Reihenfolge der einzelnen Lieder sowie der Verschiedenheit in dem Texte ein Ziel gesetzt, so dass eigentlich jetzt erst die von Solon begonnene, von Peisistratos wieder aufgenommene Thätigkeit, die Homerischen Gesänge einheitlich in der Reihenfolge der Lieder sowie im Texte zu gestalten, ihrem Abschlusse zugeführt wurde. Dies mag der Grund sein, warum Platon das ganze Verdienst dem Hipparchos zuschrieb, ohne Rücksicht auf dessen Vorgänger zu nehmen.

[39]) Cicero de orat. III, 34, 137. Ael. V. H. XIII, 14. Pausanias VII, 26. Welch absonderliche Ansichten über das Wirken des Peisistratos im späteren Alterthume geherrscht haben, dafür soll die Notiz des Grammatikers Diomedes als Beweis dienen. Derselbe erzählt (Anecdota Graeca II, 182 Villoison): »Die Gedichte Homers waren durch Feuer, Erdbeben und Überschwemmung vernichtet worden. Damit dieselben in ihrem ganzen Umfange und in ihrer ursprünglichen Gestalt wiederhergestellt werden, verfiel Peisistratos auf folgendes Auskunftsmittel: er lies in ganz Hellas verkünden, dass jeder, der im Besitze Homerischer Verse ist, ihm dieselben gegen eine entsprechende Belohnung für jeden Vers bringen könne. Daraufhin brachten alle, was sie hatten, und Peisistratos zahlte ihnen den festgesetzten Preis. Und auch diejenigen, welche Verse brachten, die er bereits von anderen empfangen hatte, wies er nicht zurück. Denn mitunter konnte er auf diese Weise einen oder zwei neue Verse finden, mitunter auch mehrere. Manche brachten auch Verse von eigener Erfindung, die aber jetzt mit dem Obelos (ein kritisches Zeichen, aus einer wagrechten Linie bestehend, wodurch ein Vers als unecht bezeichnet wurde) versehen sind. Als er alle Verse eingesammelt hatte, berief er 72 Gelehrte, die gegen ein bestimmtes Honorar, jeder für sich nach seinem Gutachten, die Homerischen Gesänge ordnen sollten. Und jedem von diesen gab er eine Abschrift von allen den Versen, die er gesammelt hatte. Nachdem nun jeder einzelne die Verse so miteinander verbunden hatte, wie es ihm am besten und richtigsten schien, ließ Peisistratos sie alle an einem Ort versammeln und dort jedem seine Anordnung vorlegen und begründen. Sie hörten fern von jeder Eifersucht einander aufmerksam zu, um bestimmt angeben zu können, welche Arbeit den Anforderungen der Kritik am meisten entspreche, und einigten sich dahin, dass Anordnung und Text des Aristarchos und Zenodotos am besten seien, von diesen beiden aber wieder dem Aristarchos der Vorzug gebühre.« — [40]) Platon Hipp. p. 228 B.

Während die Rhapsoden der früheren Zeit eine doppelte Aufgabe zu erfüllen hatten, insofern sie einerseits die Homerischen Gesänge auf dem Wege des mündlichen Unterrichtes zum bleibenden Eigenthum ihrer Schüler machten und so diese vor dem allmählichen Untergange bewahrten, andererseits durch ihre Recitationen an den Festen fast allen Schichten der Bevölkerung Gelegenheit boten, die Schönheit dieser Poesie bezüglich ihrer Form wie ihres Inhaltes zu bewundern, wurde jetzt die eine Thätigkeit, für die Erhaltung der beiden Epen in einer zweckentsprechenden Weise zu sorgen, ziemlich überflüssig. Denn wie wir uns auch immer des Peisistratos Wirken auf diesem Gebiete vorstellen mögen, das wenigstens müssen wir zugeben, dass die Homerischen Gesänge in ihrem ganzen Umfange schriftlich aufgezeichnet wurden und daher deren Erhaltung und Fortpflanzung der mündlichen Tradition nicht mehr allein zukam.

Durch die schriftliche Aufzeichnung waren die Epen vor dem Untergange gesichert.

Doch das Volk an den Festen mit dem Inhalte des Epos bekannt zu machen, das dürften die Rhapsoden noch eine Zeitlang allein besorgt haben. Denn da, abgesehen von der geringen Anzahl der schriftlichen Exemplare vor den Perserkriegen nur ein geringer Bruchtheil der Bevölkerung die Kenntnis des Schreibens besaß, desgleichen äußerst wenige des Lesens kundig waren, so kann man wohl behaupten, dass bis gegen Perikles Zeitalter hin der größere Theil der Athener die Homerischen Gedichte nicht durch das Lesen, sondern durch das Anhören der Rhapsodenvorträge kennen lernte.

Die Aufgabe der Rhapsoden, das Volk mit dem Inhalte der Epen bekannt zu machen.

Inzwischen war Athen der Mittelpunkt des geistigen Lebens in Griechenland geworden. Zahlreiche Schulen wurden von Privaten gegründet, in welchen die athenische Jugend die Kenntnisse des Lesens und Schreibens sich aneignen konnte. Und da die Bevölkerung die Vortheile dieser Kenntnisse für das Leben bald erkannte, ist es etwas Selbstverständliches, dass die Schulen in kurzem eines großen Zuspruches sich erfreuten.

Die Nothwendigkeit, größere Sorgfalt auf die Kunst des Vortrages zu verwenden.

Die Grundlage des Unterrichtes bildete Homer, der Lieblingsdichter der Athener. Die Schüler lauschten nicht nur mit gespannter Aufmerksamkeit den Worten ihres Lehrers, wenn er ihnen einzelne Partien aus demselben recitierte, sondern sie wurden auch gezwungen, ihn selbst zu lesen und auswendig zu lernen. So wurden die Athener mit dem Inhalte der Gesänge schon in der frühesten Jugend bekannt. Dass diese nicht wieder ihrem Gedächtnisse entschwanden, dafür sorgten die Rhapsoden mit ihren häufigen Vorträgen.

Da so die Mehrzahl des Volkes mit Homer vertraut war, mussten die Rhapsoden, um durch ihre Vorträge die

Zuhörer einigermaßen fesseln zu können, jetzt noch mehr als früher, wo doch auch vielfach der Inhalt einen Reiz ausübte, ihr Hauptaugenmerk auf die Kunst des Vortrages richten. Die Mittel, die sie dabei in Anwendung brachten, um ihre Zuhörer in Spannung zu erhalten, beschreibt am trefflichsten der Rhapsode Ion.[41]) Derselbe äußert sich über seinen Vortrag folgendermaßen: »Wenn ich etwas Trauriges hersage, füllen sich meine Augen mit Thränen; ist aber das, was ich erzähle, schrecklich und entsetzlich, dann stehen mir die Haare vor Schrecken zu Berge, und mein Herz klopft.« Die Wirkung, welche ein solcher Vortrag bei den Zuhörern hervorbrachte, finden wir bei ebendemselben[42]) geschildert: »Ich sehe jedesmal von meinem hohen Sitze aus die Zuschauer weinen und entsetzt starren und von dem Vorgetragenen tief ergriffen: denn ich muss genau auf sie Rücksicht nehmen. Bringe ich sie einmal zum Weinen, werde ich selbst lachen können, wenn ich das Geld einstecke; lachen sie hingegen, werde ich weinen müssen: denn in einem solchen Falle bleibt das Geld aus.«

Der schauspielmäßige Vortrag.

Man sieht, wie diese Declamation mit gehobener Stimme, mit den verschiedensten Geberden wohl bei den Zuhörern Furcht und Mitleid für die handelnden Personen des Epos hervorzurufen imstande war, aber keineswegs der breiten und ruhigen Darstellung Homers vollkommen entsprach. Das Geschäft der Rhapsoden bestand jetzt ohne Zweifel auch darin, derartige Partien des Epos auszuwählen, welche einen solchen mehr schauspielmäßigen Vortrag noch am ehesten zuließen.

Das Interesse an diesem Vortrage.

Die Fülle der in beiden Epen zerstreuten schönen Gedanken, sowie die kunstgemäße Ausbildung des Vortrages bewirkten, dass auch jetzt nicht das Interesse für die Declamation erlosch. Wie überhaupt zu jeder Zeit die Menschen, die gebildeten sowie die ungebildeten, einen kunstgerechten Vortrag, der geeignet ist, für den Gegenstand der Erzählung hinzureißen, dem eigenen Lesen vorziehen, ebenso fand die Recitation der Homerischen Gedichte trotz der allgemein verbreiteten Kenntnisse des Lesens und Schreibens bei allen Classen der Bevölkerung Athens stets Beifall; ja die Mehrzahl konnte nicht umhin, der Kunstmäßigkeit der Rhapsoden im Vortrage ihre volle Bewunderung zutheil werden zu lassen.

3. In welcher Richtung suchten die Rhapsoden zur Zeit des Platon den Kreis ihres Wirkens zu erweitern?

Beschäftigung einzelner Philosophen mit Homer.

Solange die Rhapsoden die einzigen waren, durch deren Declamationen in den Herzen der Zuhörer einerseits

[41]) Platon Ion 535 C. — [42]) 535 E.

Begeisterung für die Thaten der Vorfahren erweckt, andererseits die Liebe zum Vaterlande entzündet wurde, dürfte wohl diese Thätigkeit schon allein genügt haben, dass ihnen die ganze Bevölkerung, alt und jung, reich und arm, die Anerkennung nicht versagte. Wie aber Homer als Schulbuch diente und die Jugend angehalten wurde, die in demselben enthaltenen Vorschriften für das öffentliche und Privatleben zu lernen, traten neben den Rhapsoden auch manche Philosophen auf, die sich mit Homer beschäftigten und vorzüglich auf dem Gebiete der Erklärung und Auslegung thätig waren, sei es, dass sie dessen Gedanken ihrem Systeme anpassten, sei es, dass sie die vom Dichter ausgesprochenen Ansichten zu widerlegen oder gar zu verbessern suchten.

Die älteren Ausleger Homers.

Als der älteste Homeriker wird gewöhnlich Theagenes von Rhegion angegeben, der nach Tatian[43]) zur Zeit des Kambyses lebte und über Homer und seine Zeit sowie über seine Dichtungen schrieb.

Als Vertreter der allegorischen Erklärung ist aus älterer Zeit der Philosoph und Lehrer des Euripides Anaxagoras[44]) zu nennen. In allegorischem Sinne scheinen viele Stellen des Dichters auch die von Ion[45]) erwähnten Homeriker, Metrodoros aus Lampsakos, Stesimbrotos aus Thasos und Glaukon gedeutet zu haben, von denen Metrodoros ein Schüler des Anaxagoras war.[46])

Die Sophisten als Erklärer a) der Dichter im allgemeinen.

Erklärungen von Dichterstellen waren zur Zeit Platons nichts Außergewöhnliches. Der Sophist Protagoras[47]) sagt geradezu, es sei ein Hauptmerkmal der Bildung, dass man die Verse der Dichter sowohl verstehe, als auch die Fähigkeit besitze, schwierige Stellen derselben zu erklären. Er selbst zeigt seine Erklärungskunst an einem Liede des Simonides, nach ihm Sokrates, und auch Hippias aus Elis hatte bereits eine schöne Rede in Bereitschaft, welche zur Erklärung der scheinbar sich widersprechenden Stellen des Liedes beitragen sollte; doch Alkibiades hinderte ihn und tröstete ihn damit, dass sie ein anderesmal gerne bereit wären, ihn anzuhören.

b) des Homer.

Ohne Zweifel zogen die Sophisten Homer, welchen wegen seines großen Einflusses der den Dichtern keineswegs holde Platon unumwunden Griechenlands Erzieher nennt,[48]) vielfach in den Kreis ihrer Betrachtungen. Sie erreichten damit den Zweck, einerseits mit den langen Prunkreden, in welche sie die Erklärung der Dichterstellen einzukleiden wussten, ihren Zuhörern Staunen und Bewunderung abzunöthigen, andererseits ihre mit der Denkweise

---

43) adversus Graecos c. 31 und Schol. zu Il. Υ 37, p. 533 a. 30. — 44) Diog. Laert. II, 3. — 45) p. 530 D. — 46) Diog. Laert. II, 3. — 47) Prot. p. 339 ff. — 48) de rep. X, p. 606.

der früheren Zeit ganz im Widerspruche stehenden Ansichten über Ethik und Politik bereits dem Dichter an solchen Stellen, wo er über ähnliche Gegenstände spricht, zu unterschieben und so die Zuhörer von der Wahrheit derselben desto leichter zu überzeugen.

Auch die Rhapsoden beschäftigten sich mit der Erklärung.

Der hohe Aufschwung, den das geistige Leben in Athen besonders seit dem Auftreten der Philosophen und Sophisten genommen hatte, musste auch auf die Rhapsoden seinen Einfluss äußern. Wie früher infolge der Vervollkommnung der Kitharödik die Aöden sich veranlasst sahen, entweder ihr einfaches Spiel aufzugeben und ebenfalls die kunstvollen Weisen der berühmten Kitharöden ihrem Gesang zugrunde zu legen, oder eine neue Art des Vortrages für die Homerischen Epen einzuführen, ebenso konnten die Rhapsoden nicht gleichgiltig zusehen, als Philosophen und Sophisten mit der Erklärung ihres Dichters sich zu befassen anfiengen. Wollten sie für die Zukunft ihr altes Ansehen behaupten und die Menge im Glauben erhalten, dass sie mit Homer und seinen Dichtungen am meisten von allen vertraut seien, so blieb nichts anderes übrig, als neben dem Vortrag auch die Erklärung desselben in den Kreis ihrer Thätigkeit aufzunehmen.

Dieselbe war erforderlich bei ihren Declamationen in Privatkreisen.

Die Schönheit der Form, die erhabenen Gedanken des Dichters ihren Zuhörern in glanzvoller Rede vor Augen zu führen, das wurde für sie umso dringender, je häufiger sie mit den Philosophen und Sophisten den Gelagen der vornehmen Kreise Athens beigezogen wurden. Ob diese Sitte erst jetzt aufkam, oder ob bereits die Rhapsoden der früheren Zeit nicht bloß in den öffentlichen Festversammlungen, sondern auch in den Häusern der Vornehmen, wie die Aöden an den Fürstenhöfen ihre Lieder vortrugen, darüber geben uns die Quellen keinen Aufschluss. Immerhin konnte es möglich gewesen sein, dass die Aöden und hierauf die Rhapsoden nach dem Untergange der Fürstenhöfe mit ihrer Kunst in den vornehmen Kreisen der Bürgerschaft sich Eingang verschafften.

Wie dem auch gewesen sein mag, das Auftreten der Rhapsoden in Privatkreisen lässt sich bloß in Athen und hier erst seit Perikles bestimmt nachweisen. Unmöglich könnte Xenophon[19]) sagen, Nikeratos, ein Athener, habe die Rhapsoden fast täglich gehört, wenn sie nur an öffentlichen Festen aufgetreten wären, um mit ihrer Declamationskunst vor der versammelten Menge zu glänzen. Dieser Umstand dürfte hauptsächlich die Rhapsoden damaliger Zeit gezwungen haben, außer der kunstvollen Methode des Vor-

[19]) Sympos. 3. 6.

trages auch der Erklärung des Dichters einige Sorgfalt zuzuwenden.

Der Rhapsode Ion macht auf diese Kunst dem Sokrates gegenüber Anspruch.

Und dass manche unter ihnen treffliche Beurtheiler und Erklärer Homers gewesen zu sein scheinen, zeigt der außerordentliche Ruf, dessen sich ihre sophistischen Prunkreden nicht minder als ihre Declamationen bei den Zuhörern erfreuten. Ion,[50]) der Träger des gleichnamigen Platonischen Dialoges, spricht dies ganz unumwunden aus. Derselbe war eben aus Epidauros, mit Lorbeer geschmückt, den er am Asklepiosfeste im Rhapsodenwettkampfe errungen hatte, nach Athen, dem Hauptsitze jeglicher Kunst und Wissenschaft, gekommen, um in den Wettkämpfen der Rhapsoden an dem bald stattfindenden Feste der Panathenäen auch hier aufzutreten und seinen Mitbewerbern den Sieg streitig zu machen. Sokrates, der ihn zufällig trifft, begrüßt ihn als alten Bekannten und beginnt den Beruf und die Lebensaufgabe der Rhapsoden im allgemeinen zu loben.

Wie schön sei es, sagte er, vor dem Volke in vollem Schmucke auftreten zu können, um wie viel schöner und erhabener müsse es erscheinen, immer sich mit den bedeutendsten Dichtern, vor allem aber mit dem Heros der Dichter, dem alten Sänger, derart zu beschäftigen, dass man nicht nur seine Verse, sondern auch seinen Sinn vollständig inne habe; denn natürlich müsse der Rhapsode nicht nur die Worte des Dichters sich angeeignet, sondern auch dessen Inhalt mit seinem Geiste aufgefasst haben, falls er seine Zuhörer für den Dichter begeistern und entflammen wolle. Darum müsse derselbe seinen kunstvollen Vortrag so einrichten, dass dadurch den Herzen der Zuhörer das Verständnis für die schönen und herrlichen Gedanken des Dichters erschlossen werde. Wenn er aber den Dichter selbst nicht gründlich kenne und verstehe, sei er unmöglich imstande, dessen Gedichte seinen Zuhörern mit Erfolg vorzutragen.

Ion findet des Sokrates Meinung ganz natürlich und nimmt keinen Anstand, zu behaupten, daß gerade ihm am meisten Mühe verursacht habe, den Sinn und Gedanken des Dichters richtig aufzufassen und zu verstehen. Deshalb erklärt er ohne Bedenken, dass weder Metrodoros noch Stesimbrotos noch Glaukon mit größerem Verständnis über Homer und dessen Gedichte sprechen konnten. Wenn nun Ion sich nicht mit der Auslegekunst und Beurtheilung der Homerischen Gesänge beschäftigt hätte, wie würde er es gewagt haben, sich einem Metrodoros, einem Stesimbrotos gleichzustellen, Männern, die alle auf dem Felde der Er-

[50]) p. 530.

klärung sich thätig zeigten? Das konnte eben nur geschehen, wenn er in gleicher Weise wie diese berühmten Erklärer neben der Recitation auch auf die Beurtheilung über den Wert und die Vorzüge Homers sich verstand.[51]) Jedenfalls muss er daher nach sophistischem Vorgange über manche Gedanken des Homer glanz- und prunkvolle Reden gehalten und dabei den Wert und die Bedeutung des Dichters über alle Maßen hervorgehoben haben. Und dass er damit auch bei seinen Zuhörern großen Beifall fand, zeigt seine spätere Äußerung:[52]) οἱ ἄλλοι πάντες μέ φασιν εὖ λέγειν i. e. περὶ Ὁμήρου. Freilich einem Sokrates gegenüber benimmt er sich ziemlich ungeschickt; denn er muss selbst zugestehen, dass ihm alle nöthigen Kenntnisse zur richtigen Beurtheilung Homers mangeln. Das darf uns aber nicht auffallend erscheinen; ähnlich ergieng es ja auch anderen in großem Ansehen stehenden Männern, einem Protagoras, einem Hippias, einem Gorgias. Ion befasste sich also nach seiner eigenen Aussage ebenso mit der Erklärung als mit der Recitation der Homerischen Gesänge, sodass er nicht weniger Erklärer als Declamator des Dichters war.

Wie nun Ion nicht bloß durch eine kunstgemäße Declamation, sondern nach dem Beispiel der Sophisten auch durch prunkvolle Reden, welche zur Erklärung und zum Verständnis des Dichters dienten, seine Zuhörer zu fesseln suchte, in ähnlicher Weise wird wohl die Mehrzahl der Rhapsoden ihre Thätigkeit erweitert haben. Mit großer Wahrscheinlichkeit kann man daher behaupten, dass die Rhapsoden damaliger Zeit auf die richtige Erklärung und Beurtheilung Homers große Sorgfalt und großen Fleiß verwendeten oder wenigstens vorgaben, verwendet zu haben.

Der Elementarunterricht genügt nicht für die öffentliche Thätigkeit.

Infolge des großartigen geistigen Aufschwunges im europäischen Hellas nach den Perserkriegen besonders in Athen waren die mannigfachsten Künste und Wissen-

---

[51]) Schleiermacher (zu Ion, S. 309) hält es nicht für nothwendig, unseren Rhapsoden zur Erklärung dieser Stelle die Fähigkeit der Auslegung zuzuerkennen, sondern er meint, dass Ion, durch die Worte des Sokrates verleitet, sich nur überhebt und seiner niederen Kunst auch jene gelehrte Auslegung als einen Theil aneignet, welche Männer von Geist und Kenntnissen, wie ein Metrodoros, für sich mit vollem Rechte in Anspruch nehmen. Allein hätte in der That sich Ion niemals mit gelehrten Auslegungen beschäftigt, so bliebe es doch sonderbar, dass Sokrates eine derartige Bemerkung ohne jegliche Gegenbemerkung weder am Anfang noch im weiteren Verlaufe des Gespräches hingenommen hätte. Es wäre ja ein Leichtes gewesen, den Ion seiner Unfähigkeit darin zu überführen bloß durch die Aufforderung, er solle einige Proben dieser seiner angeblichen Kunst ablegen. Zudem wäre von Seite des Sokrates eine Frage an denselben, was er eigentlich in Homer verstehe, ganz unpassend, falls der Rhapsode nur für einen gewöhnlichen Declamator angesehen worden wäre. — [52]) p. 533 C.

schaften zur Entfaltung und Blüte gelangt. Während früher der Unterricht in Musik, Gymnastik und in den Elementen des Lesens, Schreibens und Rechnens mit der später im praktischen Leben erworbenen Erfahrung vollkommen hinreichte auch für diejenigen, welche im Staate oder im öffentlichen Leben sich auszeichnen wollten, wurde jetzt ein gewisser Grad von Bildung eine der wesentlichsten Forderungen, um in der Bürgerschaft einen Einfluss erreichen zu können.

Die weitere Ausbildung besonders der vornehmen Jugend von Seite der Sophisten.

Für die Träger dieser Bildung galten die Sophisten, welche durch prunkende Vorträge (ἐπίδειξις) sich den Anschein zu geben verstanden, als ob sie Einsicht und Kenntnis in allen Dingen hätten. Diese machten sich anheischig, gegen hohe Bezahlung Unterricht in jedem für das Leben erforderlichen Wissen zu ertheilen. Besonders aber waren es zur Zeit des Perikles Jünglinge aus vornehmen Häusern, welche aller damals zu Gebote stehenden Mittel sich bedienten, um ihre Kenntnisse zu bereichern, in der Voraussetzung, durch geistige Überlegenheit leichter zur Bedeutung und zur Macht im Staate zu gelangen. Diese schreckten selbst vor den größten Geldopfern nicht zurück, falls ihnen dadurch die Möglichkeit geboten wurde, dem Unterrichte der damals allgemein bewunderten und hochgefeierten Sophisten beiwohnen zu können.

Die Aufgabe dieses Unterrichtes.

Im Dialoge Protagoras erhalten wir vom Haupte der Sophisten, dem Protagoras selbst, genauen Aufschluss, in welchen Kenntnissen die jungen Leute bei ihm unterwiesen werden. Sokrates nämlich übernimmt es, auf inständiges Bitten seines jungen Freundes Hippokrates, denselben bei Protagoras vorzustellen, welcher im Hause des reichen Kallias eine große Zahl von Zuhörern um sich geschart hatte. Hier trägt er dem Sophisten des jungen Mannes Wunsch vor, sein Schüler werden zu wollen. Bei dieser Gelegenheit richtete er an Protagoras die Frage,[53]) was denn eigentlich Hippokrates durch den Unterricht gewinne. Nachdem dieser über den Unterricht der anderen Sophisten seinen Tadel ausgesprochen hatte, sagte er:[54]) τὸ δὲ μάθημά ἐστιν εὐβουλία περί τε τῶν οἰκείων, ὅπως ἂν ἄριστα τὴν αὑτοῦ οἰκίαν διοικοῖ, καὶ περὶ τῶν τῆς πόλεως, ὅπως τὰ τῆς πόλεως δυνατώτατος ἂν εἴη καὶ πράττειν καὶ λέγειν.

Er verhieß mithin seinen Schülern die **bürgerliche Tugend** ἀρετὴν πολιτικὴν d. i. die für **das häusliche wie öffentliche Leben erforderliche Tüchtigkeit.**

Charakterähnlichkeit der Rhapsoden mit den Sophisten.

Das hohe Ansehen, welches die Sophisten durch ihre epideiktischen Vorträge bei den Athenern genossen, der bedeutende Reichthum, den die Häupter derselben durch

---

[53]) p. 318. — [54]) p. 318 E.

ihren Unterricht sich sammelten, das alles blieb sicherlich nicht ohne Einfluss auf die Rhapsoden. Dass diese gerade so wie die Sophisten bestrebt waren, mit ihrem Scheinwissen vor der Menge zu prunken und dasselbe gehörig zu verwerten, darauf lässt, von allem anderen abgesehen, schon ihre Charakterähnlichkeit mit den Sophisten schließen; denn beiden diente ihr Wissen uud Können bloß zur Befriedigung persönlicher Interessen, insbesondere der Eitelkeit und der Geldsucht.

1. Eitelkeit. Die Eitelkeit dürfte in einem vielleicht noch höheren Grade bei den Rhapsoden anzutreffen sein. So erwiderte Ion[55]) in seiner Eitelkeit und in seinem Hochmuthe auf die Aufforderung von Seite des Sokrates, am Feste der Panathenaeen seine Siegeskränze durch einen neuen zu vermehren, er sei des Sieges gewiss, wofern nicht der Neid der Götter ihm denselben missgönne. Ebenso spricht er[56]) ohne Bedenken aus, dass selbst Metrodoros und Stesimbrotos, welchen allgemein der erste Rang unter den Auslegern und Erklärern Homers eingeräumt wurde, sich mit ihm nicht messen könnten.

2. Habsucht. Was ihre Habsucht anbelangt, genügt es, auf die bekannte Äußerung ebendesselben Ion[57]) hinzuweisen, der bei dem Vortrage besonders auf die Stimmung der Zuhörer Bedacht nehmen zu müssen glaubte; denn je reichlicher die Thränen fließen, desto reichlicher werde die Einnahme sein, die er erziele.

Die herrschende Ansicht, Homer sei die Quelle aller Weisheit. Um einerseits ihre Eitelkeit, andererseits ihre Habsucht befriedigen zu können, kam ihnen die noch zu Platons Zeit stark verbreitete Ansicht von dem hohen Wert der Dichter vorzüglich des Homer für jedes Wissen und Können außerordentlich zustatten. Homer wurde eben für die Quelle jeglicher Weisheit gehalten. Namentlich galt er denjenigen, welche im Gegensatze zu den Männern des Fortschrittes noch der altväterlichen Richtung huldigten, als das beste Erziehungsbuch. So wird uns berichtet,[58]) dass Nikias in Homer den Inbegriff aller göttlichen und menschlichen Weisheit zu finden meinte. Daher betrachtete er es auch als seine erste und vorzüglichste Pflicht, bei der Erziehung seines Sohnes Nikeratos ja nicht zu verabsäumen, dass derselbe in seiner Jugend den ganzen Homer auswendig lerne; denn aus Homer konnte man nach der Ansicht dieser Classe von Leuten über alles, von den niedrigsten Künsten und Fertigkeiten bis zu den höchsten Fragen über die Natur der Götter und Menschen, die beste Auskunft erhalten. Dass die Bewunderer und

[55]) p. 530 B. — [56]) p. 530 D. — [57]) p. 535 E. — [58]) Xenoph. Symp. III, 5. Thukydides VII, 50 und 86.

Verehrer Homers eine solche Bedeutung für das Leben demselben zuerkannten, spricht Platon an mehreren Stellen aus. De rep. 606 schreibt er: »Die Lobredner des Homer behaupten, dieser Dichter habe Hellas gebildet, und bei der Anordnung und Forderung aller menschlichen Dinge müsse man ihn zur Hand nehmen, um von ihm zu lernen, und sein ganzes Leben nach ihm einrichten und durchführen.« Eine ähnliche Bedeutung legt in späterer Zeit unserm Dichter auch Horatius[59]) bei, der dem jungen Lollius nachweist, dass Homer in seinen Gesängen die Lehre der Weisheit und Tugend anschaulicher und besser dargestellt hat als die berühmtesten Philosophen in ihren Lehrschriften.

Die Rhapsoden im Besitze dieser Weisheit.

Sollte nun keiner der Rhapsoden, von denen jedenfalls viele außerordentlichen Eifer auf die Erklärung des Dichters verwendet zu haben vorgaben, aus der allgemein herrschenden Ansicht, dass man aus Homer jede für das Leben nothwendige Kenntnis gewinnen könne, Nutzen gezogen haben? Scheint es nicht etwas ganz Natürliches, wenn die Rhapsoden diese sogenannte Homerische Weisheit sich anzueignen strebten oder wenigstens sich den Anschein zu geben wussten, als ob sie derselben vollkommen kundig wären, und damit bei passender Gelegenheit gerade sowie die Sophisten mit ihrem Scheinwissen zu prunken suchten?

Die Erklärung von ἐπαινέτης.

Dass sie sich aber wirklich neben ihrer Recitation noch zur Aufgabe gesetzt haben, die Weisheit, welche Homers Gedichte enthalten, zu verwerten, das scheint das von Platon den Rhapsoden beigelegte Epitheton ἐπαινέτης Ὁμήρου zu beweisen; denn gerade deshalb, weil sie die Homerische Weisheit billigten, derselben ein hohes Lob zollten und sie allen Menschen zu einem glücklichen und thatenreichen Leben empfohlen hatten, wurden sie Ὁμήρου ἐπαινέται genannt.[60])

Welche Kenntnisse kann man aus Homer gewinnen?

Fragen wir nun, worin denn eigentlich nach der Ansicht der Rhapsoden die Weisheit bestand, die man aus Homer lernen konnte, so hören wir, dass es Vorschriften

---

[59]) Epist. I. 2, v. 1—4:

Troiani belli scriptorem, Maxime Lolli,
Dum tu declamas Romae, Praeneste relegi,
Qui, quid sit pulchrum, quid turpe, quid utile, quid non,
Planius ac melius Chrysippo et Crantore dicit.

[60]) Ion p. 536 D; p. 542 B. Protag. p. 309 A. Stallbaum vergleicht in seinen Prolegomena ad Ionem (p. 331 f.) die Stellen Platons, in welchen er diesen Ausdruck verwendet, und gibt dann eine ganz ähnliche Erklärung für die Bedeutung dieses Wortes. Er schreibt: Nempe videntur Homeri ἐπαινέται non tam ii dicti esse, qui Homerum laudabant, quam potius illi, qui unice eius sapientiam probabant eamque ita commendabant, ut inde etiam vitae recte sapienterque regendae ac moderandae praecepta haurienda esse arbitrarentur.

für das menschliche Leben waren, die man aus zahlreichen Stellen des Dichters, sei es nun auf berechtigte oder unberechtigte Weise. abzuleiten suchte, Vorschriften, die für das öffentliche wie Privatleben eine außerordentliche Wichtigkeit hatten. Platon[61]) lässt dem Rhapsoden dies mit folgenden Worten aussprechen: ἃ πρέπει ἀνδρὶ εἰπεῖν καὶ ὁποῖα γυναικί, καὶ ὁποῖα δούλῳ καὶ ὁποῖα ἐλευθέρῳ, καὶ ὁποῖα ἀρχομένῳ καὶ ὁποῖα ἄρχοντι. Offenbar kann dies nur bedeuten, dass die Rhapsoden zu reden wissen, was in allen Phasen des Lebens am passendsten und heilsamsten ist.

Wir sehen mithin, welch umfangreiches Wissen die Rhapsoden auf Grund ihrer Kunst sich anmassten. Sie geben sich nicht einmal zufrieden, die Vorschriften, welche für das menschliche Leben einen Wert, eine Bedeutung hatten, zu kennen und anderen dieselben mitzutheilen, sondern sie nahmen auch nicht den geringsten Anstand, in ihrer großen Überhebung zu sagen, dass man alles, vom Wagenlenken an bis zur Kunst, Haus, Volk und Heer gut zu leiten, aus Homer lernen könne. Mit einem Worte, sie rühmten sich, am schönsten und besten über die verschiedenartigsten Dinge sprechen zu können, deren Kenntnisse sie aus Homer gewonnen zu haben vorgaben.

Protagoras stellt den Hippokrates in Aussicht, dass er durch seinen Unterricht sowohl in der Besorgung seines Hauswesens als auch in der Verwaltung der öffentlichen Angelegenheiten von Tag zu Tag besser und tauglicher werde. Der Sophist verspricht mithin, wie Sokrates[62]) sich ausdrückt, seine Schüler zu guten Staatsbürgern machen zu wollen. Wie wir aber oben gezeigt, erhoben auch die Rhapsoden auf die Kunst Anspruch, welche die Bürger befähigt, nicht nur ihre eigenen Angelegenheiten am trefflichsten zu verwalten, sondern auch für das Wohl des Staates am besten zu sorgen, indem sie vorgaben, diese Weisheit dem Studium ihres Dichters zu verdanken.

Da nun eine große Zahl selbst hervorragender Männer Griechenlands die Überzeugung hatte, jegliche Weisheit und jegliches Wissen, um sowohl im Staats- als auch im Privatleben das Vortheilhafteste und Nützlichste zu wählen, habe in Homer seine Quelle, war es natürlich, dass diese den Unterricht, der bei der Heranbildung der Jugend Homer zur Grundlage machte, für den besten ansehen.

Wer sollte aber dazu geschickter sein als die Rhapsoden, die den ganzen Dichter nicht nur auswendig kannten, sondern auch sich rühmten, die größte Fähigkeit zur Auslegung

[61]) p. 540 B — [62]) Protag. 319: δοκεῖς γάρ μοι λέγειν τὴν πολιτικὴν τέχνην καὶ ὑπισχνεῖσθαι ποιεῖν ἄνδρας ἀγαθοὺς πολίτας.

und Erklärung desselben zu besitzen? Und in der That, wir erfahren aus Xenophons Symposion,[63]) dass der bereits erwähnte Nikeratos, des Nikias Sohn, dem Stesimbrotos und Anaximandros, viel Geld gegeben habe, bloß nur um alles Wissenswerte aus Homer kennen zu lernen. Stesimbrotos aber befasste sich hauptsächlich mit der Auslegung und Erklärung Homerischer Verse.

Die Rhapsoden als die besten Erklärer nahmen wahrscheinlich diese Thätigkeit auch für sich in Anspruch.

Allein gerade darin meinten auch die Rhapsoden eine außerordentliche Geschicklichkeit und Fähigkeit zu besitzen. Sollten sie es da nun den Erklärern Homers überlassen haben, nach Weise der Sophisten Jünglinge aus vornehmen Häusern an sich zu ziehen und durch Unterweisung derselben in der Homerischen Weisheit sich Ruhm und Reichthum zu erwerben? Das würde ihrer Eitelkeit und ihrer Habsucht ganz widersprechen. Gewiss waren die meisten bestrebt, die Zuhörer in ihren Prunkreden zu überzeugen, dass in Homer alle Vorschriften für ein vernünftiges Leben zu finden seien und daher auch diejenigen, welche im Besitze derselben sind, auf dem Felde der Erziehung am segensreichsten wirken können. Wer aber dürfte wohl den Homer besser verstehen und auslegen können als gerade sie, die fast täglich mit dem Vortrage und der Erklärung desselben sich beschäftigten? Es unterliegt daher keinem Zweifel, dass die Rhapsoden infolge ihres reichen und ausgedehnten Wissens, welches sie ihrer Beschäftigung mit Homer verdanken, mehr als die Sophisten sich geeignet hielten, die Jugend zu unterrichten und zum praktischen Leben heranzubilden.

Daraus erklärt sich Platons feindselige Haltung.

Gewiss hätte Platon nicht an so vielen Stellen seiner Dialoge gegen die Dichter und ihre Werke eine so feindselige Stellung eingenommen, wenn die Erklärer derselben und insbesondere des Homer nicht einen ziemlich großen Einfluss beim Volke besessen hätten.

Er beweist in mehreren Dialogen, dass den Dichtern wahre Kenntnis mangelt.

Wollte er daher die allgemein herrschende Ansicht erschüttern, dass die Erklärer der Dichter infolge ihrer Beschäftigung mit denselben die größten und ausgebreitesten Kenntnisse besitzen, so musste er den Nachweis liefern, dass den Dichtern selbst die wahre Erkenntnis über die in ihren Gedichten behandelten Gegenstände mangelt.

Bekannt ist seine Ansicht,[64]) dass diejenigen, welche ihre guten und nützlichen Pläne, ihre herrlichen Schöpfungen bloß einem glücklichen Einfalle oder einer vortrefflichen Naturanlage zuzuschreiben haben, infolge einer auf sie wirkenden göttlichen Macht handeln, und

63) III 6. — 64) Apolog. p. 33 C. Phaedon p. 58 E. Men. p. 81 B. p. 99 D, p. 100 B. Leg. XII, p. 951 B.

dass sie, insofern sie unter dem Einflusse dieser göttlichen Macht, unbewusst und ihrer Sinne beraubt, Schönes und Herrliches zustande bringen, θεῖοι genannt werden.

Im Phaedros,[65]) wo es nur auf die Verherrlichung des Eros ankommt, führt uns Platon das Wirken und Schaffen der Dichter in ihrer Begeisterung vor Augen, ohne auf Wissen und Kenntnis Rücksicht zu nehmen. Er zeigt uns, dass der Wahnsinn (μανία), welcher von der Gottheit über einzelne Menschen verhängt wird, so manches Schöne und Ersprießliche zu leisten vermag und daher mit vollem Rechte des Lobes und der Bewunderung würdig ist.

Dagegen tritt in einem anderen Dialoge[66]) der Gegensatz eines blinden und unbewussten Wirkens zu dem bewussten Schaffen der Weisen und Verständigen klar und deutlich hervor.

Der seines Endzieles, seines Zweckes bewusste Philosoph bildet den Gegensatz zu dem unter dem Einflusse der göttlichen Macht stehenden und infolge dessen bewusstlos schaffenden Künstler. Wenn Platon daher die Dichter abfällig und geringschätzig beurtheilt, so hat dies seinen Grund darin, dass dieselben ganz von der göttlichen Macht (δύναμις θεία) oder von der natürlichen Begabung (φύσις) abhängig sind, ohne je zur geringsten Selbständigkeit bei ihrem Schaffen sich aufraffen zu können: denn es mangelt ihnen die nöthige Einsicht in ihre Kunst und in die Natur der Dinge, die zur Behandlung kommen. Der wahre Dichter nach Platons Ideal soll eben in sich die θεία μοῖρα und die ἐπιστήμη vereinigen. Daher verlangt er vom Dichter, dass zu der in der Apologie[67]) genannten φύσις die τέχνη oder ἐπιστήμη erworben werde, dass zu der reichen Phantasie ein ruhig prüfender Verstand sich hinzugeselle, kurz dass sein unbewusstes Schaffen ein bewusstes werde. Dann erst, wenn die φύσις und die τέχνη vereinigt sind, kann der Dichter in allen verwandten Dichtungsarten schaffen und wirken.[68]) So lange er aber seine Kunst ausübt, ohne über den Zweck, wie über die Mittel und Gegenstände derselben ein klares Verständnis zu besitzen, kann er weder sich selbst rühmen,

[65]) p. 245 A. — [66]) Ion p. 533 E. — [67]) p. 22 B. — [68]) Ion p. 534 C. Durch diesen Gedanken findet auch die Stelle in Platons Symp. 223 D ihre Erklärung. Aristodemos erzählt dort, er habe, als er vom Schlafe erwachte, Sokrates mit Agathon und Aristophanes im Gespräche angetroffen; jedoch wisse er sich nicht mehr an alle Details genau zu erinnern. So viel sei ihm aber noch im Gedächtnisse geblieben, dass Sokrates seinen beiden Mitunterrednern das Geständnis abgenöthigt habe, jeder, der mit Einsicht Tragödien schaffe, müsse zugleich auch Komödiendichter sein. Da nun der ideale Dichter in allen verwandten Dichtungsarten seine Thätigkeit entfalten kann, so muss jeder, welcher auf das von Platon vorgezeichnete Ideal eines Dichters Anspruch machen will, ebenso auf dem Gebiete der Komödie wie auf dem der Tragödie wirken können. Wer aber solches nicht vermag, für den haben Platons Worte Geltung (Ion, p. 534 C): οὐ τέχνῃ ταῦτα λέγουσιν, ἀλλὰ θείᾳ δυνάμει.

im Besitze des wahren Wissens zu sein, noch hoffen, dass andere aus seiner Dichtung eine richtige Vorstellung über das Wesen der von ihm besprochenen Gegenstände erlangen können.

De rep.

Auf diesen Gedanken geht Platon auch im Staate ein.[69]) Nur sucht er hier denselben von einem höheren wissenschaftlichen Standpunkte aus zu beweisen. »Die Dichter«, sagt er, »stellen lediglich die Erscheinungen, nicht die Wesenheit der Dinge dar, sie heben als Nachbildner nur den Schein, nicht das Sein der Dinge hervor«. Darum also, weil die Dichter bloß Erscheinungen, nicht Wirkliches vorbringen, können sie selbst nicht den Anspruch erheben, eine genaue Kenntnis vom Wesen aller dieser Dinge zu haben, noch auch anderen die Fähigkeit verleihen, richtig über alles zu sprechen. Platon weist mithin nach, dass die Dichter nicht als die Quelle des Wissens betrachtet werden können.

Was ergibt sich daraus für die Rhapsoden?

Dadurch wird sofort klar, warum die Rhapsoden durch die Beschäftigung mit Homer keine richtige Einsicht in das Wesen der Dinge gewinnen konnten. Doch wie die Sophisten öffentlich erklärten, über alles lange und glänzende Reden halten zu können, und so mit dem Scheine eines reichen und ausgedehnten Wissens sich zu umgeben wussten, so glaubten auch die Rhapsoden infolge ihrer täglichen Beschäftigung mit Homer, der Urquelle aller Weisheit, Einsicht und Verständnis in allem zu besitzen. In einem eigenen Dialoge, welcher den Namen Ion trägt, sucht Platon den Rhapsoden diesen falschen Wahn zu nehmen und zu zeigen, dass man aus dem Dichter allein nicht wahres Wissen sich aneignen könne. Er zwingt den auf seine vermeintlichen Kenntnisse stolzen Rhapsoden, am Schlusse des Dialoges seine Unwissenheit und Unkenntnis in Homerischen Dingen einzugestehen.[70])

Die Rhapsoden in ihrem Wirken verglichen mit den Sophisten.

Gerade der Umstand, dass Platon so oft die Gelegenheit ergreift, gegen das Scheinwissen der Dichter und deren Erklärer anzukämpfen, scheint am meisten dafür zu sprechen, dass der Rhapsoden Einfluss zu seiner Zeit nicht gar zu gering anzuschlagen sei; denn wir sehen, dass die Rhapsoden der Platonischen Zeit alle jene Eigenschaften besaßen, die auch den Sophisten nicht fremd waren, um eine hohe Meinung von ihrem Wissen zu verbreiten.

---

69) X, p. 595. — 70) Sokrates lässt nämlich den Rhapsoden die Wahl offen, ob er für einen Schwindler und Betrüger gelten wolle, oder ob er in die Classe derjenigen eingereiht zu werden wünsche, welche als willenlose Werkzeuge der Gottheit, ihrer selbst nicht mächtig, auf Homerischem Gebiete wirken. Natürlich zieht es Ion vor, um nicht als Lügner und Gaukler zu erscheinen, ein gottbegeisterter genannt zu werden: πολλῷ γὰρ κάλλιον τὸ θεῖον νομίζεσθαι.

Sie wurden nicht bloß wegen ihrer künstlerischen Declamation der Homerischen Gesänge bewundert, sondern sie galten auch als die besten Ausleger und Erklärer Homers. Und da nach der Ansicht insbesondere der conservativen Bürgerschaft Athens gerade die Tugenden, welche für einen guten Staatsbürger unerlässlich sind, an den einzelnen Homerischen Helden im schönsten Lichte strahlen, dürften die Rhapsoden nicht ermangelt haben, für dieselben in ihren glänzenden Vorträgen die Herzen der Zuhörer zu entflammen. In dieser Weise wirkten sie vielfach auf den Unterricht in Athen ein, ohne aber darin je den Einfluss der Sophisten, der Jugendbildner κατ' ἐξοχήν, erreicht zu haben.

Ein Theil der Rhapsoden bloß Declamatoren.

Wie aber nicht alle Aöden im Homerischen Zeitalter dichterische Schöpfungen aufzuweisen hatten, sondern manche im Gegensatze zum berühmten Sänger Phemios bloß sich zur Aufgabe stellten, die Lieder Fremder unter Begleitung der Phorminx im weiten Männersaale zu singen, in gleicher Weise dürfte bei gar vielen Rhapsoden der Platonischen Zeit die Recitation Homerischer Gesänge die einzige Leistung gewesen sein, ohne je die vielen herrlichen Aussprüche ihres Dichters einer Erklärung gewürdigt zu haben, sei es, dass ihnen die Fähigkeit dazu fehlte, sei es, dass sie die dazu erforderliche Mühe scheuten. Diese Classe der Rhapsoden mag dem Xenophon[71]) vor Augen geschwebt haben, wenn er sagte, dass sie die Verse zwar richtig hersagen, dabei aber höchst einfältig seien. Unfähig in den Geist des Dichters tiefer einzudringen, genügte es ihnen, an öffentlichen Festen mit ihrer Kunst zu glänzen. Sonst ließen sie wohl nach Weise der Bänkelsänger unserer Tage an öffentlichen Plätzen zur Belustigung der Hefe des Volkes ihre Declamationen hören.

Die Rhapsoden nach dem Untergange der griechischen Freiheit.

Auch nachdem es dem Makedonier durch seine kluge Politik gelungen war, die griechische Freiheit zu vernichten, verstummten die Vorträge der Rhapsoden nicht. Im Gegentheil Spuren ihrer Thätigkeit nach der Schlacht bei Chaironea lassen sich nicht bloß in den einzelnen griechischen Staaten noch nachweisen, sondern nach Berichten späterer Schriftsteller sollen öfters Rhapsoden auch in diejenigen Länder berufen worden sein, in welche besonders seit der Zeit Alexanders des Großen hellenische Bildung und Cultur eingedrungen waren.

Doch die Auslegung und Erklärung des Dichters scheinen die Rhapsoden jetzt endgiltig anderen befähigteren Kräften überlassen zu haben, während sie selbst

---

[71]) Memorab. IV 2, 10. Sympos. III 6.

ganz zu «handwerksmäßigen Declamatoren» herabsanken. Sie traten in den öffentlichen Versammlungen neben anderen Künstlern auf, desgleichen fehlten sie nicht bei den Festlichkeiten an den Höfen der damaligen Fürsten. So lesen wir bei Athenaios,[72]) dass Alexander der Große seinen Sieg über Darius mit einem großen Feste gefeiert habe. Zur Verherrlichung desselben habe neben vielen andern Künstlern auch der Rhapsode Alexis aus Tarent mitgewirkt. Bei der Vermählung des Ptolomaios Philadelphos geschieht eines Rhapsoden Erwähnung, der aus Schmeichelei gegen den Fürsten eine Stelle der Ilias benützte, um auf die Ehe des Bruders mit der Schwester anzuspielen. Er begann seine Declamation, wie Plutarch[73]) berichtet, mit den Versen Homers:[74]) *Ζεὺς δ' Ἥρην προσέειπε κασιγνήτην ἄλοχόν τε.* Daneben fanden nach Athenaios[75]) zu Alexandrien im großen Theater Recitationen des Homer und anderer Dichter statt. Selbst in der römischen Kaiserzeit wurde die Rhapsodenkunst noch öffentlich ausgeübt, wie besonders aus der böotischen Inschrift über den Agon der Amphiaraëa ersichtlich ist.

Da in der späteren Zeit die Sitte immer allgemeiner geworden sein dürfte, die Homerischen Gesänge in den Theatern und vielleicht auch in den Odeen vorzutragen, wird es begreiflich, warum Suidas *ῥαψῳδοί* erklärt mit *οἱ τὰ Ὁμήρου ἔπη ἐν τοῖς θεάτροις ἀπαγγέλλοντες.*

---

[72]) XII p. 538. — [73]) Sympos. IX 1, 2. — [74]) Σ 356. — [75]) XIV p. 620.